日本共産党流「統一戦線」に潜む罠

公明ブックレット㉟

〈目　次〉

Ⅰ．野党共闘と日本共産党

○日本共産党流「統一戦線」に潜む罠《わな》
――日本版「トロイの木馬」戦術で〝内部から占領する〟工作も……6
「市民（団体）」名乗る実態は共産党員（組織）？／「政敵」にスパイ送り込む謀略工作も／立民内に「共産にひれ伏している」の声も／「露出していない組織と党員」と〝秘密性〟自認
○野党共闘と統一戦線論――「革命」目的につなげたい日本共産党の思惑……29
「革新自治体」下での共産党の振る舞い／革命への片棒担がされる羽目にも!?

Ⅱ．〝党利党略の具〟の安保・自衛隊政策

○迷走する日本共産党の自衛隊政策
――「解消」論はめざす革命成就のための〝障害除去〟狙いからか……48
9条は自衛権行使に「大きな制約」と改変主張／社会主義下で「軍隊をあらためて持つ」／「活用」論は遠い先の民主連合政府段階の話／〝人殺し集団〟のように自衛隊を敵視、警戒／〝共産参加の政府では自衛隊合憲〟立憲主義に反する

Ⅲ．日本共産党流「民主主義と自由」の欺瞞

○日本共産党流『民主主義と自由』の欺瞞《ぎまん》——立花隆氏の「日本共産党の研究」を通じて……74
共産政権下なら「私に何が起きたかわからない」／「立花部屋」に共産党のスパイ送り込む／「民主集中制」プロ独裁と暴力革命遂行に不可欠／現憲法下の民主主義「エセ」「反動的」と／羊頭狗肉だった「反戦平和闘争」／「共産独特の意味あい」の自由と民主主義
○日本共産党の党員除名問題と民主集中制
——異論許さぬ軍隊的な〝鉄の規律〟。「非民主的」特異体質を露呈……102

Ⅳ．改ざん・歪曲のデタラメ党史

○日本共産党100年、変わらぬ本質——出自、独善体質、無謬《むびゅう》主義など異質さ浮き彫り……110
○露骨な党史の改ざん・歪曲《わいきょく》の日本共産党
——〝武装蜂起・軍事闘争〟の事実までも偽《いつわ》る無節操な虚偽体質……116
「都合の悪い歴史には蓋」、負の歴史山ほど／暴力革命論の「51年綱領」は正規の方針／「分派がやった」責任逃れの無責任論／「議会通じる平和革命方式」を散々否定／国内に「内乱」を煽動しクーデターめざす／〝カメレオンのごとく態度、見解豹変〟が特徴
○隠せぬ〝暴力革命〟路線——「敵の出方論」を維持……139

V. 日本共産党史の〝暗部《ブラックホール》〟

1 〝自らを顧《かえり》みぬ〟「前衛」記事の不明と愚論……142
「共産党はいつでも、どこでも、正しい」の独善主義／真っ赤なウソ「言論・出版自由の守り手」／「一貫して平和と民主主義の党」はウソ／テロと暴力革命に専念していた時代／陰湿・凄惨な「拉致・監禁・査問・リンチ」／「共産政権下だったら、殺されている」と

2 当面・9条完全実施（自衛隊解消）、先行き・改憲し「自衛軍創設」めざす矛盾……164
「自衛隊違憲・解消」が共産党の政策／「中立・自衛」政策転換？ 単なる偽装？／ご都合主義的な「自衛隊活用」論／「革命」実現の障害物・在日米軍と自衛隊／〝革命の足場〟作りが民主連合政府の任務／「革命」目的優先の党略的安全保障政策

3 前衛政党と議会主義政党とは異質の〝水と油〟……184
議会は「宣伝・煽動・暴露の演壇」と／「人民的議会主義」は複数政党制認めず／全国家権力握り、日本を「人民共和国」に〝改造〟／憲法原則と無関係の〝エセ政教分離論〟／宗教蔑視・敵視の日本共産党／宗教団体の政治的活動に否定的

〈注〉本文中の肩書き、政党名は掲載（初出）当時のままとし、年月の表記など一部整えた

Ⅰ. 野党共闘と日本共産党

日本共産党流「統一戦線」に潜む罠《わな》

──日本版「トロイの木馬」戦術で〝内部から占領する〟工作も

共産主義政党にとって、めざす社会主義実現・権力獲得のために統一戦線戦術は不可欠視されている。過去に革命を実現させたソ連、中国や、かつての東欧諸国においても、当初はいずれも少数勢力だった共産党が統一戦線方式により諸団体や大衆を巻き込み、非共産主義政党と連立・連合して政権を獲得。その中で自らの勢力拡大を図り、主導権を掌握して独裁権力を築き上げていった。共産主義政党が独力で革命を達成した例は一つもない。いずれも統一戦線方式により、権力を獲得し社会主義革命を実現させていったことは周知の通りだ。

アメリカの政治学者ゲアハート・ニーマイヤー氏の著『共産連立政権戦術』(時事新書)には、統一戦線戦術に関し、こう指摘されている。

「共産党は非共産主義大衆および反革命勢力にとりまかれているし、また将来も長期にわたってそうだろう。共産党は権力獲得のための闘争でも、また支配の初期の段階でも、党員勢力の弱さを埋め合わせるために大衆の支持をうけている同盟者を必要とする」「『共同行動』および『共同組織』を通じて、党組織だけでは接近できない広範な大衆にはいりこむことができる」「共産党の『セクト主義』の解毒剤とみなされている」「『トロイの木馬』とみなしている」「一時的または過渡的な戦略上の便法」……

もちろん、日本共産党においても、「統一戦線戦術、統一戦線の方法、これが今日の革命運動のもっとも重要な戦術である」（上田耕一郎『民主的変革の道の探求』国民文庫）とされ、同党綱領には統一戦線の取り組みやその重要性が随所に明記されている。例えば、「党は、……さしあたって一致できる目標の範囲で統一戦線を形成し、統一戦線の政府をつくるために力をつくす」とある。その「さしあたって一致できる」目標として反基地、反原発、消費税廃止、安保法制廃止、自公政権打倒といったテーマを掲げて中央、地方で様々な協力・協同体制の統一戦線づくりに奔走しているのだ。

▽「政権共闘」で立民と共産〝認識に大ズレ〟

昨今、よく目にするのは「市民連合」を介しての統一戦線づくりだ。

2021年衆院選の際には、市民連合が要請した20項目の政策について、立憲民主党、日本共産党、社会民主党、れいわ新選組の各党首がこれを受け入れる形で同年9月8日、4野党の選挙協力体制がつくられた。

その政策合意を土台に9月末、立憲民主党が政権を取った場合は共産党が「限定的な閣外からの協力」を行うことで合意した。ただ、立憲民主は「選挙の票」は欲しいが政権では共産党と距離を置きたい腹だったのに対し、共産党は孤立回避や小選挙区落選者の供託金没収費用の節約策として、また何よりも統一戦線戦術上から野党共闘を至上命題としており、とりわけ自党が加わる政権共闘の実現を悲願としてきた。そのスタンスの違いが立憲民主側の意図とかけ離れ、「限定的な閣外からの協力」という、曖昧《あいまい》で低レベル的合意内容だったものを、共産党側は歴とした「政権合意」とする次元に意図して引っ張り上げる位置付けをしたということだ。

そのことは、共産党の志位和夫委員長が立憲民主との合意を受けての記者会見（9月30日）で、「日本共産党にとっては、99年の歴史のなかで、こうした合意を得て総選挙をたたかうのは初めてのこと」「私たちは、今回の党首合意をもって、政権協力についての前向きの合意が得られたと考えている」「私たちは、野党連合政権について、『閣内協力も、閣外協力もありうる』と言ってきた。今回合意された内容は、私たちとしては、わが党が提唱してきた野党連合政権の一つの形態だと考えている」と思い入れたっぷりに述べたことにも示される。

そして、選挙戦を通し、「99年の党の歴史で、初めて他党との政権協力の合意を得て戦う」「『新しい政権の実現にチャレンジする』総選挙だ！」「野党共闘の力で新しい政権を作ろう！」と全党挙げて訴え続け、〈枝野氏は衆院選期間中、「閣外協力ではない。閣外『からの』協力だ」と共産党と一定の距離を置いたが、志位氏は『閣外協力』と言い続けた〉（「産経」21年11月13日付）、あるいは「枝野幸男・前代表に近い議員は『共産には黙って候補者を降ろしてほしいというのが本音だった』と振り返る。しかし、共産は選挙戦で『99年の党の歴史で初めて他党との政権協力の合意を得て戦う』（志位委員長）と、あたかも自ら政権に参画するかのようにけん伝した」（「読売」21年12月3日付）と伝えられた。

選挙後、事前の躍進予測・期待が外れ、敗北の責任をとって党代表辞任を余儀なくされた枝野氏だが、「枝野は共産党の前のめりの姿勢を苦々しく思っていた。……『共産党があんなに政権交代、政権交代とはしゃぐとは思わなかった。あれではいくら説明しても一緒に政権を作ると思われちゃう』」（青山和弘「立憲民主党がまるでダメな理由」、「文藝春秋」22年2月号）

といった恨み節も伝えられた。だが、そもそも共産党の統一戦線・政権戦略にかける熱意・執念に対する枝野氏の認識の甘さこそ反省すべきだっただろう。

共産党にとって、「革命運動のもっとも重要な戦術」である統一戦線方式からすれば、選挙で後退したとはいえ、野党第一党の立憲民主との間で政権合意を作り上げたことこそ何よりの成果であり、その維持・強化こそ最重要と踏んでいるのだろう。

例えばそれは、衆院選開票直後の志位委員長発言や11月1日の常任幹部会声明、そして同月末開催の同党中央委員会総会での「志位委員長報告」でも「『野党共闘で政権交代をはじめよう』という訴えは、最初のチャレンジとして歴史的意義をもつものだった」との言葉を繰り返して、そのことこそが重要だったのだと確認し、その上で「野党各党がかわした共通政策および日本共産党と立憲民主党の党首会談での政権協力の合意は、公党間の合意であり、……国民への公約だ。日本共産党は、この合意と公約を誠実に順守し、野党共闘の大道を前進させるために、今後も揺るがずに力をつくす」と強調した。即それは、立憲民主・共産ともども議席を減らして「野党共倒」と揶揄《やゆ》されたことなどで、立憲民主内に、共産党との連携、とりわけ政権共闘は失敗だったとの声が大きく上がっており、その見直し論が公然化していたことを横目で見ながら、「国民への公約」だと訴えて立憲民主側にクギを刺し、強く牽制《けんせい》するものだったろう。

現に、メディアには、「『最初のチャレンジとして大きな歴史的意義があったと確信する』共産の志位和夫委員長の衆院選に関する総括には、立民はもう手放さないとの強い意思がにじむ」(「産経」21年11月5日付「阿比留瑠比の極言御免」)、『立共合作』の余震は続く。……たとえ立民側が手を引きたいと考えても共産側は決して納得せず、応じはしないだろう。彼らの信念は堅い」(同11月6日付「産経抄」)といった見方も出された。

そもそも志位氏は、衆院選の時点でも、政権協力も含めた「立共共闘」について、「この選挙でもうこれは終わりってことは絶対ありません。この次も次もやっていく。発展させていくつもりです」(同10月25日放送のBSフジ「プライムニュース」)と意気込んでいた。志位氏のそんな言葉を受けて、番組に同席していた橋本五郎・読売新聞特別編集委員は、「非常にウイングを広げつつあると。そのウイングはやがて、野党のかなりの部分をのみ込んでいくような、そういう長期戦略のもとにやっているんだなという、そういうように感じますね」と述べていたが、志位氏は立憲民主との先々の共闘について、まるで当然の事として既成事実視していたようだ。

▽「市民(団体)」名乗る実態は共産党員(組織)?

さて、21年衆院選で改めて脚光を浴びた形の「市民連合」だが、名称は「安保法制の廃止と立憲主義の回復を求める市民連合」。15年9月に成立した平和安全法制への反対運動に取り組んできた、いわゆるSEALDsとママの会、学者の会、立憲デモクラシーの会、総がかり行動実行委員会の五つの団体の有志が、16年参院選で野党統一候補を応援するための組織として15年12月に発足させた。以後、16年参院選を皮切りに、17年衆院選、19年参院選の際も同「市民連合」を仲介役として野党共闘が実現している。

同「市民連合」自体は任意の民間組織となっており、共産党からすれば、提携・利用すべき格好の存在だ。同党は選挙の際、「市民と野党の共闘」云々と、「市民」の名を出すのが通例だ。そこには前出のニーマイヤー氏の言う「『共同行動』および『共同組織』を通じて、党組織だけでは接近できない広範な大衆にはいりこむことができる」といった狙いも込められているのだろう。

同「市民連合」のうち、「学者の会」や「立憲デモクラシーの会」などは個々の大学教員や学者らが、それぞれの会の趣旨に賛同しての個人的参加であるのに対し、共産党色の強い「戦争させない・9条壊すな！総がかり行動実行委員会」は主に組織・団体としての参加であり、「市民連合」の実質的中核勢力を成していよう。従って、「市民連合」としての抗議集会やデモがあれば、参加者多数を出す実働部隊だろうし、諸団体間の世話役的・事務局的役割も担っているに違いない。「市民連合」の「収支報告」を見ると、同行動委が資金的にもバックアップしていることが伺える。

「市民連合」参加団体の一つだったSEALDs（「自由と民主主義のための学生緊急行動」）は国会で平和安全法制の審議が行われていた際、先鋭的な反対運動を繰り広げたことで注目を浴びた。同組織には、非共産党系の学生も参加しているが、しかし組織本体としては、「具体的な内容を見ると、共産党の主張と瓜二つであることがはっきりする」「SEALDsの主張や行動が、半ば共産党と一体化していることは明白だ。SEALDsも参加した安保関連法反対のデモでは、先導する車両が共産党関係者が使用している赤色の模様をあしらった車両とナンバーが同一だった。もちろん『共産党』との表記はされていない。共産党系の労組『全労連』の車両を使っていたこともあった」（産経新聞政治部『日本共産党研究』産経新聞出版）などと観察された。さながら共産党の別働隊だったといったら言い過ぎだろうか。

　また、同党の手の内を知る関係者から、次のような見方も出されている。例えば、元日本共産党ナンバー4の幹部と言われた筆坂秀世氏と経済評論家の上念司氏との対談共著『日本共産党と野党の大問題』(清談社)の中で、こう交わされている。

筆坂　……日本共産党は「市民と野党の共闘」なんていっているけれども、市民ってどこにいるんだろうと思うよ。

上念　市民といってもプロ市民ばっかりですからね(笑)。

筆坂　そうなんだ。この前もある県で『戦争法阻止　総がかり行動』なんて題してデモをやっていたけれども、二十人くらいしかいないし、ほとんど高齢者なんだ。それのどこが総がかりなんだって思うよ。

上念　市民といっても、ほとんどがそういうフロント団体の人たちなんですよね。

筆坂　実態をいってしまえば、日本共産党が名前を変えているだけなんだよね。安保法制反対のときに学生たちがつくった「ＳＥＡＬＤｓ」(自由と民主主義のための学生緊急行動)が注目されたけれども、あの周囲にいたのは高齢者ばかりだからね。「ＳＥＡＬＤｓ」は日本共産党系ではまったくないけれども、街宣車は日本共産党から借りていました。「ＳＥＡＬＤｓ」にすり寄っていたのが日本共産党なんですよ。

……

　つまり、日本共産党のパートナーとして提携・連携する形の「市民」「市民団体」の実態は、多分に共産党員や共産党系諸組織である可能性が高いようだ。「市民」の名を冠することで、同党外の一般市民や諸団体に接近し、同党への理解者・同調者へと仕立てていこうとする狙いもあるのだろうし、そもそも「市民連合」と名乗ることで運動体としての組織的規模を大きく見せようとする意図も働いているのだろう。現に、筆坂氏は「この組織が、『市民連合』と呼ぶほどに広範なものなのか眉唾である。……実体はごく一部の人々の運動に過ぎない」(『日本共産党の最新レトリック』産経新聞出版)と指摘する。

▽「オール沖縄」他者押しのけ〝共産一色〟に

ところで、地域版の統一戦線戦術の一典型として知られるのが、同党が沖縄で加わっている「オール沖縄」だ。同団体として14年の沖縄県知事選で自民党沖縄県連幹事長や那覇市長を務めた翁長雄志氏を担《かつ》ぎ当選させた。スタート時は革新系の社会民主党、共産党や保守系の一部自民党県議・市議らの政党・会派のほか、労働団体、経済・業界団体なども加わった「保革共闘」となっていた。後にそれは、次第に変質し、「オール沖縄は発足から約4年を経て『共産一色に染まりつつある』(翁長周辺)」(「読売」18年8月15日付)とか「『オール沖縄』は実質的に『オール革新』に変質しつつある……『オール沖縄』の共産党一強体制である」(「ハフポスト日本版」17年7月17日)、「『オール沖縄』……この名称は実態から乖離《かいり》している。……現在、『オール沖縄』と聞くと、多くの県民は反射的に、革新とか共産党を連想するに至っている」(「夕刊フジ」22年3月19日付)と指摘されているのだ。

つまり、当初、共産党は「オール沖縄」を構成する一員であったが、それが今では他者・他党を事実上押しのけ、いわば組織全体を制した状態となっているわけで、まさに同党統一戦線戦術の一典型といえよう。その効果は、共産党自身は敗北した17年衆院選(21議席から12議席に転落)、21年衆院選(12議席から10議席に後退)においても、同党唯一の衆院小選挙区議席をこの沖縄で確保するに至る、文字通りの同党の牙城となっているのだ。

　この「オール沖縄」における共産党の取り組みに関し、次のような指摘もされている。「いまの共産党が沖縄でやっていること……沖縄では保守・革新の両陣営が『新基地建設反対』という一点で団結する『オール沖縄』勢力が翁長雄志前知事の時に形成され、現在も選挙協力などを続けていますが、実はあの事務機能は共産党が掌握しています。ひとつの政治運動は事務局を掌握しさえすれば全体をコントロールすることが可能です。これは『事務局』を『書記局』に言い換えればわかりやすいと思います。……事務局を握るのは共産党にとっては常套手段なんです。事務機能さえ掌握してしまえば、そこを基盤にしてひとつの組織を押さえることができることを知り尽くしている」（池上彰・佐藤優『真説　日本左翼史』講談社現代新書）と。

　日本共産党が、統一戦線戦略として、党外の諸団体・組織に関わり、「内部から占領する」（同党の「二七年テーゼ」）といった〝浸食・蚕食《さんしょく》〟戦術を駆使する分野は教育・文化・芸術なども含め、それこそ多岐多方面にわたるが、最たるものは労組・組合という労働界への浸透工作であろう。「労働組合は共産主義のための学校」「伝導装置」とのレーニンの言葉通り、労働組合を共産党のめざす革命の中心部隊にするというのが同党の一貫した方針だ。そのために大企業、有力企業、諸官庁や地方自治体などの中に革命の拠点として党組織を秘密に作り、その拡大と影響力発揮や、当該労組・組合の支配権、主導権掌握への闘争を繰り広げてきた。

　また労働戦線の「階級的統一」を掲げ、既存のナショナルセンターの切り崩しにも奔走。今日ある同党系の全労連（全国労働組合総連合）の結成日（1989年11月21日）を、「連合」（日本労働組合総連合会）結成大会の当日にぶつけるといった対抗心をむき出しにしてきた。芳野友子・連合会長は「現実的にも、連合の組合と共産党系の組合は職場、労働運動の現場で日々競合し、しのぎを削っている」（「毎日」22年2月3日「政治プレミア」）と語る。また、前会長・神津里季生《こうづりきお》氏は在任中の21年6月の講演で「共産党の戦略は職場にどうやって入っていき、そこから共産主義革命につなげていくのか。それは今も変わっていない」（「産経」21年11月12日付）と指摘する。

今日の労組・連合の、主要な前身母体である、かつての総評（日本労働組合総評議会＝1951年7月結成）は、日本共産党が戦後以来、行ってきた、革命闘争に労組を動員する露骨な労組支配を排除することを目的としてスタートした。しかし、その発足直後から共産党が党員や秘密党員を総評の下部組織に続々潜り込ませる潜入・浸透工作を行ったことにより、総評は一時期「共産党の別動隊に変貌」（評論家・福田博幸氏、『別冊宝島　社会党に騙《だま》された！』所収）と見なされるほど共産党的色彩を深めるに至った経緯がある。

日本共産党は51年12月の全国組織者会議で「今日の労働戦線を統一する鍵は、総評の諸組織内で党の指導権を確立する事にかかっている。……党は全労働者を総評に結集する事に努力しなければならない」との〝総評なだれ込み〟作戦を打ち出し、総評の諸組織内での党の指導権確立を策したのだ。この〝内部から総評を支配する〟との方針は、前述の芳野氏や神津氏の言葉にもあるように、今日の連合下でも同様に諸労組内で続けられており、わが国労働運動における分断や攪乱《かくらん》要因となっているのだ。

ただ、上記のような「オール沖縄」や「市民連合」との関わり、あるいは労組や組合への接近・浸食といった事例などは眼前に展開されるわけで、まだ可視的ともいえるだろう。それに対し、ニーマイヤー氏の言う「トロイの木馬」戦術――ソ連や中国共産党、東欧諸国の共産党が常套手段としてきたものであるが、日本共産党においても「政敵」やターゲットと目する対象への浸透工作は秘密裏に行われているはずで、時折、関係者の事後証言や告白でその驚くべき工作の一端が明るみに出されている。革命政党ならではの謀略的手法である。

▽「政敵」にスパイ送り込む謀略工作も

例えば、立花隆氏が「文藝春秋」誌上で「日本共産党の研究」(1976年1月号~77年12月号)を連載した時、立花氏側の取材記者を含め総勢十数人のわずかなスタッフの中に共産党はスパイを送り込んでいた。「若いスタッフの多い立花部屋では『部屋頭』といった感じだった」といわれ、当のスパイだったFさん本人の手紙による事後告白によると「取材の進行状況、取材した相手、連載がどう展開していくかなどを探るのが役目だった」という。「当時の立花部屋の内情が、すべて日本共産党側に筒抜けになっていた」とは当時、文藝春秋社で担当デスクだった花田紀凱氏の言葉だ。この件は、花田氏の著『編集者!』(ワック)や、同じく花田氏が書いた兵本達吉著『日本共産党の戦後秘史』(新潮文庫)の「解説」の中で暴露されており、花田氏は「生涯にこれほど驚いたことはない」と述懐している(その顛末《てんまつ》の詳細は、本ブックレット所収「日本共産党流『民主主義と自由』の欺《ぎ》瞞《まん》」【74ページ】で紹介)。

もう一件、往時の事例であるが、共産党がかつての社会党を乗っ取ろうとした「社共合同」工作がある。当時の日本共産党の最高の政治方針として、同党政治局の直接指導の下に、社会党にスパイを送り込み、その工作員は後に社会党内最左派グループ「五月会」の事務局長となった。名は松本健二といい、当の松本氏本人が自著の『戦後日本革命の内幕』で暴露し、また本人の遺稿集にも「一皮むくと共産党政治局直属の秘密党員でありました」と明言していた。そして、社会党内にあって共産党の首脳陣と密接な連絡を持ち、「……私は統一戦線の足場になれる丸太棒であった。しばしば社会党(左派)と共産党を連絡する懇談会を準備し出席もした。それが自分の使命のようなつもりで動いた」とか「社会党内に容共勢力を強大化しようと考えていた私の立場は……(反共)の強まるムードの中で容共の糸を強めようとして……奮闘した」(松本氏の『戦後日本革命の内幕』)と記している。彼はその後、共産党に復党し、統一戦線部などに在籍したと、その自著の奥付に記していた。

「社共合同」の仕掛けとは、例えば「社会党は結党直後から共産党の強い青森とか長野とかで社共合同運動というようなやりかたで共産党から組織攪乱をしきりに仕掛けられ……『赤旗』などを見ているとあちこちで、共産党と社会党は合同すべきだという決議が社会党の中から出て、いまにも社会党の組織が全部共産党になってしまうのではないかと思われるぐらい書かれ……」(社会党本部書記局に長年いた加藤宣幸氏の証言)といったことなどだ。

以上は、梅澤昇平氏の著『こんなに怖い日本共産党の野望』(展転社)で紹介されているが、梅澤氏は「社会党は共産党に食い荒らされていたのだ」と指摘している。

▽選挙協力通し、立民内に〝同調者〟作る工作?

日本共産党は今日、同党の共闘パートナーとして立憲民主党——その〝抵抗・反対一辺倒〟

的な立ち居振る舞いから「かつての社会党」（御厨貴・東京大学名誉教授）とも称される同党を、自らの側に引き寄せ、抱き込むことが、統一戦線戦術からも不可欠視していよう。

そのための方策として、旧社会党内にスパイを送り込んだような冒険を冒さなくても、両党間の選挙協力――といっても共産党が一方的に立憲民主を支援するといった構図だが、その選挙支援によって、それなりの効果を上げることができると見込んでいるはずだ。すなわち、衆・参選挙の小選挙区や1人区で立憲民主関係者を「野党統一候補」として押し上げ、支援の「票」で恩を売り、貸しを作り、共産党への理解者、同調者へと誘導することができる、立憲民主内に一定のクサビを打ち込むことが可能である、と踏んでいるだろう。現に、そう感じさせる風景を、つい最近も、目の当たりにした。

立憲民主党は、2022年1月に21年衆院選の総括文書をまとめた。その際、当初案では、選挙後に行った調査で、共産党との連携を理由に投票先を立憲民主から変更した有権者の割合が、接戦となった小選挙区では全体の3％強、比例代表ではおよそ5％に上ったとして、「一定層の離反への影響が読み取れる」としていた。しかし、この当初案をめぐり、同党内は紛糾し、異論が相次ぎ、これらの表現は削除された。その一方で「小選挙区全体として9議席の増加となったことは評価できる」との記述が付け加えられた。

立憲民主内には、共産党と国政選挙協力に踏み切った16年参院選以来、その恩恵を受けた議員が少なからずいる。それは立憲民主内に陰に陽に影響を及ぼしていよう。

▽立民内に「共産にひれ伏している」の声も

例えば、こんな報道も目にする。改正国民投票法は21年6月に3年越しで成立したが、その採決をめぐり、立憲民主は当初及び腰だった。同党は同改正案を審議する憲法審査会の開催には合意したが、共産党が審査会の開催自体に反対したことから、国民民主党が4月中の採決を求める自民党の要求を受け入れたことに対し、「国民民主とは採決の考え方が一致しない」と結論付けた。「……かつて合流を目指した国民ではなく、共産に寄り添う判断だった。背景には秋までに行われる衆院選がある。立民はその後、改正案に条件付きで賛成する方針に転じたが、選挙協力から共産が離れていく状況は避けたい。……憲法に限らず、立民内には『共産にひれ伏している』（中堅）との声が漏れるほどだ」（「読売」21年5月3日付）と。

また、21年4月に投開票が行われた参院長野選挙区補選の際、立憲民主と共産党の県組織が結んだ政策協定に原発ゼロや日米同盟見直し論が含まれたことから、「共産案を丸のみしたような政策協定に対し、連合から『まるで共産党の政策だ』（幹部）と不満が噴出した」（「読売」21年3月11日付）と伝えられ、立憲民主候補に推薦を出していた国民民主党も反発して一時「推薦を白紙にする」といった混乱劇もあった。事実、この補選に関し、共産党の小池晃書記局長は同党の会合で、件《くだん》の政策協定について、同党の第2回中央委員会総会決定で提唱された『新しい日本をつくる五つの提案』の内容がしっかり盛り込まれ……今後『五つの提案』が野党の共通政策になりうる現実的な可能性を示すものとなりました」（「赤旗」21年3月6日付）と報告していた。

作家で元外務省主任分析官の佐藤優氏は「共産党の組織票により当選したという認識を持つ立憲民主党の議員は、共産党の政策を忖度するようになる。その結果、立憲民主党を共産党の同調勢力（フロント）にする。これはスターリンが戦後の東ヨーロッパ諸国でとった統一戦線工作だ」（「Ｈａｎａｄａ」21年12月号）と指摘している。先の記事にあった「立民内には『共産にひれ伏している』（中堅）との声が漏れるほど」との状況は、佐藤氏の言葉を現に裏付けるものであろう。

日本共産党がターゲットとする対象組織にスパイならぬ「秘密党員」を送り込むといった文字通りの「トロイの木馬」戦術であるが、今日的にはどう展開されているのだろうか。それに関し、例えばジャーナリストの篠原常一郎氏は自著の『日本共産党　噂の真相』（育鵬社）の中で、こう暴露する。「大企業の社員や官庁のキャリア官僚になった党員は『秘密党員』として扱われることがあります。雇用側が共産党員として気づかずに雇い入れた人や、学校の成績が特別に優れていて国家公務員上級試験合格や大企業への就職が十分に期待できる学生党員から選ばれます。将来的に党が政権入りした際に『権力側に足場をつくる』という立場から、日常の党活動には参加させないで、いざというときに備える要員（スパイ用語では『スリーパー』）との位置づけです。日常の指導は中央委員会や都道府県委員会の役員が個別に担当していました。……今も『秘密党員』は官庁や大企業にいるとは思います」と。

篠原氏の経歴だが、同著にこう記している。「私は１９７９年に日本共産党に入党し、２００４年11月に党を除籍されて中央委員会職員の座から放逐されるまでの共産党員時代の大部分を、『党専従』職員として過ごし……党専従でも一種の『頂点』の部分に属する国会議員公設秘書まで務め……こうしたさまざまな立場での『職業革命家』生活の中で、日本共産党の動きを内部から見つめてきた」と。

篠原氏は最近の月刊誌（「ＷｉＬＬ」22年4月号）でも同趣旨の暴露を行っている。例えばこんな具合だ。「一九九〇年代、住専問題や公的資金投入問題が浮上した際、日本共産党の情報源は銀行の役員クラスの共産党員でした」「二〇一九年度の教科書検定で、自由社（『新しい歴史教科書をつくる会』）の教科書が一発不合格となりました。文科省の教科書調査官や教科書審議会委員の多くに左派が入り込み、実際に日本共産党もかかわっていたとも言われています。そうやって入り込んでいるのです」「浸透工作ですが……日本学術会議がそれで、……日本共産党の方針には『学術会議に共産党員を送り込んで牛耳る』という旨の記述が一九五〇年代から盛り込まれています。そうやって学術会議を牛耳ることで憲法を守らせ、軍事研究を禁止にさせたのです」と。

この学術会議に関し、篠原氏はこうも指摘している。「日本共産党は学術会議への浸透工作（メンバーの入り込み）を長年にわたって進めてきました」「既に学術会議構成員に入った党員学者に対しては、党中央委員会が直接的に指導できる体制を維持し、定期的に『グループ会議』（学術会議内での共産党フラクション会議）を開いて、種々の事態において学術会議をどのように利用するか、意思統一が図られます。こうした一種の『秘密結社』的な組織活動方法は、コミンテルン（一九一九年設立の共産主義インターナショナル＝世界共産党）以来の『鉄の規律』を背景にしたもので、スパイ的に党員を潜入させる手法に由来しているのです」（「正論」20年12月号）と。

▽「露出していない組織と党員」と〝秘密性〟自認

日本共産党はこの種の「秘密党員」の存在を自認している。例えば「露出している組織と党員、露出していない組織と党員の活動が一律的になって、党組織や党員の露出を不必要に大きくしている傾向が、依然としてみられます」（「赤旗」１９６７年9月14日付）と「露出を戒める問題」に触れたり、「職種や職場によって……いろいろな事態にそなえてまだまだ党組織の全体を敵の前に露出することはできない」とか、敵に対する構えとして「非公然の活動」に言及したりしていることなどは、それを意味しよう。

ところで、浸透工作先として諸官庁は当然のターゲットであろう。２０２２年2月11日の時事通信記事「潜入！『しんぶん赤旗』編集局……」（「政界Ｗｅｂ」）には、こんな内容が盛られていた。時事通信側が、「赤旗」紙面に中央省庁の「機密書類」がたびたび掲載され、時の政権を揺さぶってきた、といった話を向けたところ、「赤旗」首脳陣は、〈「省庁内に『共産党の秘密党員』がいると言う人がいるが、そんなことはあり得ない」と笑う。その一方で「政府内の心ある人がこれはどうしても許せない。共産党や赤旗だったら公にしてくれるのではと思って託してくれる」とも明かす〉とあった。もちろん「赤旗」側が秘密党員の存在を認めるはずもない。

「機密書類」云々とは、外務省や防衛省などの「マル秘」相当の内部文書が日本共産党に郵送などの手段で届けられたとされ、それら漏洩した機密書類を手に同党議員が国会で政府を追及するといった場面が度々あった。機密書類の漏洩元はどこだったのか、誰がやったのか、未だ不明部分が多いようだが、上記の篠原氏の暴露などからして、時事通信側は「秘密党員」が関係しているのではないかと思ったのだろうか。この種の情報漏洩に関する件としては、菅義偉内閣当時の日本学術会議新会員の任命拒否の際にも指摘された。「今回の任命拒否が明るみに出て、政治問題化したのは、『菅首相、学術会議人事に介入』と報じた日本共産党の機関紙『しんぶん赤旗』の〝スクープ〟がきっかけでした。しかし、学術会議の事務局員は、公務員として守秘義務があるはずなのに、人事発令の前に、なぜこういう情報が革命政党である共産党に流れたのか。官邸からすれば、これは〝スクープ〟ではなく〝情報漏洩〟です」（佐藤優氏、「文藝春秋」20年12月号）と。

▽**大新聞社内で「共産党組織」の定例的会合**

もう一例、この「秘密党員」に類する件だが、朝日新聞ＯＢの長谷川熙《ひろし》氏の著『崩壊　朝日新聞』（ワック　15年12月刊）、同じく同紙ＯＢの永栄《ながえ》潔氏の著『ブンヤ暮らし三十六年』（草思社　15年4月刊）、長谷川・永栄両氏の共著『こんな朝日新聞に誰がした？』（ワック　16年12月刊）の中で明かされている話だ。

長谷川氏らの著は主に、戦後における朝日新聞史上最大の大失態とされる、虚偽の捏造《ねつぞう》証言に依拠した同紙の「慰安婦強制連行」報道がなぜ起きてしまったのか、30年あまりも掲載され続けたのか、そして一連の虚報の全文取り消しといった事後対応も含めての問題の究明と検証を行ったものだ。そこにあぶり出されたのはマルクス主義が蔓延していた当時の社内状況、長谷川氏の言葉によれば「朝日新聞社の少なくとも戦後の基本構造は、新聞事業の衣をかぶったマルクス主義結社としか言いようがありません」（『こんな朝日新聞に誰がした？』）という状況だ。

長谷川氏の在職当時であろうが、「特に、出版局は多くがマルクス主義者だったんじゃないか」とか、「……ある者も、『そこそこの人数が集まるのに、その部署の自分は呼ばれない会合があるので何だろうと思っていたが、共産党組織の定例的な集まりだった』」といった記述、あるいは「朝日の共産党との親和性というか、遠慮みたいなものは私もたしかに感じた」（永栄氏）といった言葉も出ている。

　また、慰安婦報道を主導した一人であるK論説委員が、彼の「アエラ」編集部時代に「朝日新聞に左翼でない人間なんているのかなあ――」と大きな声で、長谷川氏を含め何人かの同誌編集部員がいる中で言い放った場面も描かれている。むろん、「左翼」「マルクス主義者」イコール日本共産党員ではないが、長谷川氏が名指しした、このK氏（後に同紙論説副主幹）は「アエラ」以前の職場だった同紙大阪本社在勤時に、共産党員ではと目されてもいたようだ。それに関し、「……（K氏）が入った時期の朝日新聞大阪本社では日本共産党員であることが、その記者なら記者の一種の勲章のようにごく内々では見られていた……」（『崩壊　朝日新聞』）といった記述もある。

　そして朝日にでっち上げの慰安婦強制連行の虚言を弄し抜いた吉田清治氏――「詐話師」とか「虚言癖」と見なされる人物だが、K氏はこの吉田氏とたびたび電話で語り合っていた場面を長谷川氏が目撃しており、以前からK氏と吉田氏は「繋がりがあった可能性がある」と。この吉田清治氏は、戦後、日本共産党から下関市議会議員選挙（昭和22年4月30日投票）に吉田雄兎の本名で立候補し、最下位当選者（６５８票）に遠く及ばない１２９票で落選した、と伝えられている（「諸君！」１９９２年８月号）。

　また、永栄氏著に出ている事例だが、氏の支局員時代の話として、ベトナム戦争に関して同社幹部を通じて質問状を出したところ、同紙のM論説委員が日本共産党機関誌「前衛」の原稿用紙20枚（40枚？）もの束で回答を寄こしてくれたそうだ。永栄氏は「ちょっとびっくり」したとのこと。同じく「驚いた」とのコメントを永栄氏著の文庫本の巻末「解説」に寄せたのは河谷史夫氏（評論家、元朝日新聞論説委員）。同じ職場にいた人間も「驚いた」というのだから、M氏が「秘密党員」だった可能性もあるということだろうか。

永栄氏著に出ているもう一例だが、『週刊朝日』と共産党が〝衝突〟したおり、若い仲間が経緯を出版局報で報告したところ、共産党の機関紙『赤旗』に反論がすかさず出た。社内限りの印刷物と思っていても、情報は広がるんだなと思ったが……湯気が立ちのぼるほど最新の〝社内機密〟だっただけに、驚きは格別だった」との場面がある。社内の内々の「局報」に対し、「赤旗」にすかさず反論が出たとは、恐らく局内周辺に共産党の内通者＝「秘密党員」的存在が見え隠れするということだろう。この件などは、前述した「文藝春秋」誌掲載「日本共産党の研究」の原稿作成作業の「立花部屋」に日本共産党がスパイを送り込んでいたことで、同誌発売直後に「あれほど素早く『赤旗』に反論が掲載された謎もこれで解けた」（『編集者！』）と語っていた花田紀凱氏の言葉が想起されるのだ。

以上のような「朝日新聞」の事例はたまたま表に出た〝氷山の一角〟だろう。むろん、思想・信条の自由は当然だ。ただ、長谷川氏が指摘するように、「その主義にとり憑《つ》かれたり、それ式の思考に馴染んだりすると、社会の現象をある決まった角度で直《す》ぐさまこうだと裁断し、そういう見方をする自分を絶対視もする」（『こんな朝日新聞に誰がした？』）といった傾向性があるといえるし、その例として「確実に出版局がマルクス主義に占領されていた頃の一方の朝日新聞の紙面も……ソ連と中華人民共和国に対する、少なくとも肯定的評価は当然のことという感じの、現在の目からは異様というほかない内容でした」(同)という面もあったのだろう。

それに、日本共産党の「秘密党員」として対象組織に潜入・浸透する場合は同党の革命目的に奉仕することを使命とするはずであり、その一典型が「文藝春秋」社の「立花部屋」にスパイとして入り込んだFさんや旧社会党に工作員として送り込まれた松本健二氏の例であろう。今日、党外一般メディアに潜入する秘密党員の場合は、もちろん共産党に有利に働くような世論誘導や、その一方での現体制の不備欠陥の摘出、要人のスキャンダル暴露や「スクープ」といった形の体制打撃工作なども意識・無意識的にも行うようになるのではないか。そんな重要任務を担うと思われるだけに、その潜入・浸透工作は用意周到に行われるだろうが、以前に刊行された同党への批判的出版物の中に、主要な新聞・テレビ局内に伏在する「推定共産党員数」の一覧が示されたことは、当該メディアを含め疑心暗鬼を生じたり、物議を醸《かも》しただろう。

中国共産党では、新聞やテレビなどのメディアを党の「喉と舌」と見なしている。中国のみならず既往の社会主義国家では言論出版機関は世論工作やプロパガンダ、政敵への攻撃手段として、文字通り「喉と舌」として最重要視されてきた。日本共産党でも同様認識であろうが、社会主義国でない我が国では特定政党によるメディア支配など不可能だ。そのため党外一般メディアに対し、同党の意向反映や影響力増大をめざしてであろうか、例えば新聞・放送・通信・印刷・出版・販売といった各分野に同党に親和的と目される組織「……会議」「……労連」などを配置させている格好となっており、時に同党とスクラムを組んで政府に対する批判・反対の声を上げ、また同党の意図する世論作りに力を入れたり、同党が政敵視する他政党・団体などへの批判・攻撃に相呼応したりもしている。一種の統一戦線形態であろうが、同党以外の政党には見られない光景である。

長谷川氏は、「いま、日本共産党が着々と反自民の人民戦線を構築しようとしていますが、その背後にはメディアの人間の顔がちらついています。民主党政権になった時、総理に密着して首相官邸に出入りしていた朝日の人たちがいました」と、前出著の『こんな朝日新聞に誰がした？』の中で述べている。同書の刊行は２０１６年12月。この年7月の参院選では前述したように「市民連合」が介在して初の4野党選挙協力が行われ、日本共産党は長年の孤立路線から脱するのである。以後、国政選挙で選挙協力が積み重ねられ、21年衆院選では立憲民主・共産党の間で初めての政権共闘にまで至っている。共産党的には、まさに「着々と人民戦線の構築」が進みつつあるということだろう。

▽〝庇《ひさし》を借りて母屋《おもや》を乗っとる〟手法

日本共産党の綱領上の目標は民主連合政府の実現だ。そのためには同党が閣外からの協力であれ何であれ、第一歩として野党連合政権の早期実現を期していよう。そして、「まずは『連立政権』や『閣外協力』で共産党が入ってくる。そしてドアに靴の先を入れたら、ドアをこじ開け、家主をたたき出して家を乗っ取るのが共産党の手法だ」(河野太郎・自民党広報本部長）と指摘されたように、与野党政権交代がなされれば後はいかようにもなると踏んでいるのではないか。常日頃から諸官庁や要所に「いざというときに備えて権力内に築いた足場」も威力を発揮するに違いない。

野党連合政権といっても目下のところは立憲民主党が中心となるが、同党に関しては「寄り合い世帯」「議員党的体質」で党を支える確固たる組織を欠くともっぱら指摘されている。その点からもジャーナリストの氷川貴之氏は「共産党員にとって、ひ弱な立憲陣営を乗っ取ることなど朝飯前なのだろう」（「ＷｉＬＬ」21年12月号）と指摘する。また政治評論家の森田実氏も、仮に立憲民主党と共産党が参加する野党連合政権が実現したとしても、「日本共産党が動かす列車が立憲の看板を付けて走っているようなもので、有権者へのごまかしではないか。もし立憲が日本共産党の力を借りて政権を奪取したとしても、日本共産党が実質的な〝かじ取り〟を握ってしまうことになるだろう」（「公明新聞」21年6月24日付）と述べている。

そこで問われるのは立憲民主だ。泉健太代表は22年1月末の時点では「（共産党との）これまでの連携は白紙にする」（1月31日放送のＢＳフジの番組）と述べ、同党の衆院選総括では「閣外からの協力」に関しても「慎重に対応する必要がある」と記載した。この政権合意に関し、同年5月9日に行われた立憲民主・共産両党の幹事長・書記局長会談では、立憲民主側が「今回は参院選なので必要ない」とし、両党は「今回は横に置く」とした。ただし会談後に、立憲民主の西村智奈美幹事長は記者団に「次期衆院選で再び合意を結ぶ可能性に関しては『排除されない』とも語った」（「読売」22年5月10日付）と伝えられた。また、参院選1人区での候補者一本化については「勝利する可能性の高い選挙区」を優先することで合意した。つまり、「立共共闘」の基本的構図は従来通り維持され、「参院選では、再び『立憲共産党』と呼ばれてでも共産主義の実現に手を貸すのか否かも問われる」（「産経」22年3月11日付）と指摘される状況にあることは変わりないのではないか。

〈月刊「公明」2022年6、7月号から転載、一部加筆〉

野党共闘と統一戦線論

――「革命」目的につなげたい日本共産党の思惑

２０１９年の参院選に向け、日本共産党は立憲民主党などとの「野党共闘」の実現に躍起となっている。共闘の焦点である参院選1人区の野党候補の一本化については、各党が「必要」との認識で一致しているように見えるが、どのように一本化するかは思惑が異なるようだ。

特に、「本気の共闘」を訴えて本格的な候補者調整、選挙協力をめざす日本共産党に対して、衆院野党第一党の立憲民主党にとってみれば、日本共産党とは国家観や基本政策の方向性、めざす社会像などが根本的に異なるため、日本共産党と連立政権を組むことにつながりかねない国政選挙での本格的な選挙協力には、躊躇《ちゅうちょ》せざるを得ないのだろう。国民世論からも「野合」批判の誹《そし》りを免れない。否、旧民進党が分裂した一要因に、日本共産党との選挙協力関係を進めることの是非があったことは周知の通りである。

一方、日本共産党にとっては、野党選挙共闘はその都度的な協力関係で事足りるとするのではなく、やはり同党が描く社会主義の国づくりに向けた革命スケジュールの重要な一歩にしたいとの思惑があるはずで、その点が立憲民主党など他の野党の考えとは大きく異なっているのだ。

16年参院選と17年衆院選で、日本共産党は共闘勢力の候補者を一本化するため、多くの選挙区で一方的に同党の候補者を降ろす対応を行った。その結果、16年参院選では議席を伸ばしたものの、17年衆院選では立憲民主党に票を奪われる形となり、比例区では前回（14年）の衆院選から約166万票も減らし、小選挙区を含めた議席数は21から12へとほぼ半減する大惨敗となった。

しかし、日本共産党はこの衆院選の結果について「共闘勢力は、3野党（共産、立憲民主、社民の3党＝引用者注）では38議席から69議席へと大きく議席を増やし、さらに各地で無所属の野党統一候補が勝利しました」として、「私たちにとっても大きな喜び」（17年12月2日、第3回中央委員会総会での志位和夫委員長の幹部会報告）と総括した。自分の党が議席を半減させたのに「大きな喜び」とは、いかにも虚勢を張った強がりとしか傍目《はため》には映らず、違和感を拭えなかったのではないか。

むろん、本音は違うだろうから、19年参院選では「過去2回のような一方的な対応は行いません。あくまで相互推薦・相互支援の共闘をめざします」（同）としている。

志位委員長が言う「一方的」云々とは、同党が選挙区候補者を一方的に降ろしたことを指すようだが、しかしその内実は「共産党にとって、どうせ当選することのない1人区で候補者を降ろすことなど痛くもかゆくもない。その分、供託金も不要になり、他党に恩義も売れるのだから一石二鳥である」（筆坂秀世・元日本共産党政策委員長、「夕刊フジ」16年3月1日付）といった指摘もある便宜《べんぎ》的なものだったようだ。

■野党共闘は党綱領にある「統一戦線」

19年の参院選に限らず、日本共産党にとって、国政選挙での野党共闘が極めて重要な意味を持っていることは間違いない。そもそも日本共産党は国政選挙での野党共闘をどのように意義付けているのか。志位委員長は16年8月5日の講演で次のように述べている。

「日本共産党は、1961年に綱領路線を確定して以降、一貫して統一戦線によって政治を変えることを、大方針にすえてきました」「今回の参議院選挙では……全国規模での統一戦線、選挙協力が初めて現実のものとなり、最初の大きな成果を結んだ」「日本共産党綱領の統一戦線の方針が、国政を動かす、戦後かつてない新しい時代が始まっている」。つまり、日本共産党にとって国政選挙での野党共闘は、党綱領に書かれた「統一戦線」に基づくものと意義付けられている。では、この「統一戦線」とは何か。それは何をめざすものなのか。

統一戦線とは、1920年代前半におけるコミンテルン（共産主義インターナショナル＝共産主義政党の国際連帯組織）を中心とした国際共産主義運動の中で政治戦術として定着してきたものである。その歴史的経緯からも、もっぱら左翼の世界で使われる用語だが、一般には思想、信条の違いを超え、共通の要求、政策、目標に向かって諸党派や諸団体が協力・協同して、ある程度持続的な統一行動を取る闘争形態といえる。

▽旧ソ連など統一戦線方式で革命実現

もちろん共産主義政党にとっては「統一戦線方式」という言葉があるように、それはめざす社会主義革命実現のための重要な戦略戦術の手段とされる。実際、かつて世界には旧ソ連やチェコスロバキア、ハンガリー、ポーランドといった東欧諸国など14の社会主義国が存在し、それぞれ共産主義政党が政権を担当していたが、共産主義政党が独力で革命を達成した例は一つもない。いずれも統一戦線方式により、社会主義革命を成就させていった。

自由主義・資本主義の世界では、共産主義政党は通常、少数政党である。従って暴力を用いたクーデターでも起こさない限り、めざす革命はできない。そこで、第二次大戦後の東欧などで顕著に見られたように、初めは共産主義や革命と無関係なスローガンの下で政闘となり統一戦線方式によって大衆や諸団体、他政党を引き込み、その力を借り、利用して、政権権力を奪取する方式が取られた。そして奪取した政権権力の中で共産主義政党が権力を独占するために、あの手この手の権謀術策を駆使して指導権・指導的地位を確保し、非共産主義政党や民主主義・自由主義勢力を次々排除し、社会主義革命を実現させていった。「……統一戦線戦術によって、労働組合および大衆政党を内部から占領する」（日本共産党の「二七年テーゼ」、日本共産党中央委員会出版局発行『日本共産党綱領集』）というわけだ。

前述の、あの手この手の〝権謀術策〟とは、革命遂行中、また革命成就後はさらに輪をかけてであるが、共産主義政党が手中にしたメディアや政治警察権力などを使って非共産主義政党関係者や民主主義・自由主義勢力をそれこそ「反動勢力のスパイ」「資本家に買収された、その代理人」「手先」「反人民」といった批判攻撃や、「世論のでっち上げ」「濡《ぬ》れ衣を着せる」などの陰湿なやり方も含め、失脚・追放・逮捕・粛《しゅく》清《せい》劇を果敢に演じて息の根を止めていった。通称〝サラミ戦術〟と称されてもいる。

あるいは革命成就後に、非共産主義政党を複数存在させても、それは単なる名目的、飾り物的、かつ共産党の指導に服従し隷属《れいぞく》する翼賛的存在として残すという、文字通りの一党独裁体制を固めていったのが、その歴史であった。

この東欧での実際例は、ゲアハート・ニーマイヤー米ノートルダム大学教授（当時）の著『共産連立政権戦術』（時事新書、原子林二郎訳）などに詳しい。

■「統一戦線」は革命の推進部隊

では、日本共産党では統一戦線について、どう規定してきたのか。

同党の中央委員会幹部会員・参院議員を務めた春日正一氏は、その著『民族民主統一戦線』（新日本出版社）の中で、ズバリこう述べている。「統一戦線は、労働者階級が、広範な人民大衆を結集して人民の敵とたたかい、これをうちたおして革命の事業をなしとげるために、欠くことのできないたいせつな武器です」と。

「統一戦線は革命への欠くことのできないたいせつな武器」とする、その具体的中身を見てみよう。先に志位委員長も触れた61年綱領（1961年制定）には、こうある。

「党は、人民を民族民主統一戦線に結集し、その基礎のうえに政府をつくるために奮闘する。この政府をつくる過程で、党は、アメリカ帝国主義と日本独占資本の利益を代表する政府の打倒のために一貫してたたかうが、かれらの支配を打破していくのに役立つ政府の問題に十分な注意と必要な努力をはらう。そして、一定の条件があるならば、民主勢力がさしあたって一致できる目標の範囲でも、統一戦線政府をつくるためにたたかい、民族民主統一戦線政府の樹立を促進するために努力する」

「党と労働者階級の指導的役割が十分に発揮されて……強大な民族民主統一戦線が発展し……そのうえにたつ民族民主統一戦線政府は革命の政府となり……君主制を廃止し、反動的国家機構を根本的に変革して人民共和国をつくり、名実ともに国会を国の最高機関とする人民の民主主義国家体制を確立する」

ここに規定されている「統一戦線政府」とは「民主連合政府」を指すとしている。そして、その樹立の延長線上に、同党が大目標として掲げてきたのが「民族民主統一戦線政府」の樹立である。その「民族民主統一戦線政府」の中で日本共産党が〝ゆるぎない指導権〟を握った段階で、同政府は「革命の政府」に転化し、わが国の国家機構や国会制度をそれこそ180度ひっくり返して、わが国を「人民共和国」「民主共和国」につくり替え、社会主義を実現する、としてきた。

2004年に改定された04年綱領では、上記にある「民族民主統一戦線」とその上に立つ「民族民主統一戦線政府」名が削除され、めざす政府としては民主連合政府に一本化されている。また、昨今では民主連合政府のいわば前段階と目される、安全保障法制廃止だけのための戦術的な「国民連合政府」構想も打ち出されている。

これまでも統一戦線政府が樹立されるまでの過程で、「さしあたって一致できる範囲」での、「暫定連合政府」や「よりましな政府」「非核の政府」、最近の国民連合政府構想もその一つであろうが、それらも含め、今日めざす民主連合政府にせよ、また従来打ち出されていた民族民主統一戦線政府にせよ、それを実現させる推進部隊、手段、基軸が「統一戦線」であり、その上に立つ統一戦線政府（＝連立政権）ということである。このように見てくると、社会主義革命をめざす日本共産党にとって、統一戦線・連立政権戦術がいかに重要であるかが分かるというものだ。

統一戦線の効用として、日本共産党では「統一戦線を結成してたたかえば、一プラス一は三にも四にもなる」（宮本顕治委員長＝当時、「赤旗」1973年3月16日付）と見なされている。

以来、現在の志位委員長の口からも、「野党がまとまれば、一プラス一は三にも四にもなる」との言葉が繰り返されており、統一戦線ができれば、一種の政治的魔術が働くと考えているようだ。

一般に政党間での選挙協力や政治・政策課題での共闘関係が成立すれば、それなりの効用があるし、古来、「合従連衡《がっしょうれんこう》」策は戦の常套手段とされてきた。しかし、一般的な選挙協力や政権共闘は時々の政治テーマにより、様々な形態があるし、共闘のパートナーも変わりうる。議会制民主主義下では政権の実現こそ政党間の共闘の目標であろう。

しかし、日本共産党にとって、政権樹立は重要視されるが、目標はあくまで革命の実現である。革命とは、全国家権力（＝政府、国会、裁判所、検察、自衛隊、警察、監獄、国税庁、税務署、メディアなど）の掌握である。政府は「国家機構の頭部」「司令部」ではあるが「その一部」と位置付けられている。

従って、統一戦線とは一般的な政権共闘のようにその都度的なものではなく、また政府樹立をもってゴールとするのでもなく、革命への長期スケジュールに基づく戦術である。

同党は、現綱領で「さしあたって一致できる目標の範囲で統一戦線を形成し、統一戦線の政府をつくるために力をつくす」としている。そのために国政選挙での野党共闘を実現させ、選挙に勝利し、ともかく政権入りさえすれば、次の段階として政権内での指導権確保を図り、それに応じて民主連合政府に課せられている任務役割を果たす方向にリードし、めざす「民主主義革命」へ一歩でも進めることができると思い描いていよう。

今日、日本の政治情勢に照らせば、野党陣営においては「さしあたって一致できる目標」として、「安全保障法制廃止」「憲法改正反対」「消費税引き上げ反対」「安倍内閣打倒」といったスローガンが挙げられる。共産主義と無関係のそれらスローガンの下で、それに賛成・同調する大衆や諸団体、諸政党とは共闘・統一行動を取りやすいことは確かだろう。

「革新自治体」下での共産党の振る舞い

ところで、日本共産党のいう「革新統一戦線」が結実化した事例として、主に1960〜70年代に、国内で旋風を巻き起こした「革新自治体」の誕生がある。当時、国政で野党第一党だった社会党と日本共産党が知事選、市長選で社共統一候補を立て、次々勝利し、蜷川《になが わ》京都府政、美濃部東京都政、黒田大阪府政などを誕生させた。そこで何が行われたか、日本共産党がどう振る舞ったか。それは同党がめざす統一戦線政府＝民主連合政府の姿を予見させる、垣間《かいま》見させる一材料となるのではないか。

例えば、50年から78年までの7期28年間に及んだ蜷川府政を、日本共産党が「全国革新の灯台」「革命の砦」と呼んでいたことは有名だ。社共両党の推薦で担《かつ》がれた蜷川知事は晩年〝共産党べったり〟と評され、蜷川知事と二人三脚・連動体制で日本共産党が主導した蜷川民主府政（と呼んでいた）はさしずめ民主連合政府の〝京都版〟と言えなくもない。

実際、「共産党は、京都を舞台に、民主連合政権へ向けての、さまざまな実験を行ってきた」（サンケイ新聞地方自治取材班『革新自治体—その構造と戦略』）と指摘された。では、その実態はどうか。

兵本達吉氏の『日本共産党の戦後秘史』（産経新聞出版、新潮文庫）には、その一端が報告されている。兵本氏は青年時代から三十数年にわたって日本共産党員であり、78年に同党中央委員会勤務となり、党国会議員秘書などを務め、98年に同党を除名されるまでの約20年間、党本部内でつぶさに党を見聞してきた人物である。

蜷川京都府政は、〝ご三家〟と呼ばれる、府職労、京教組（教職員組合）、府医師会の3者が結託して府政を支え、とりわけ中軸となる「府職員組合は、共産党が執行部を抑えている」、また「京教組は、全執行部を共産党系が掌握している」（『革新自治体―その構造と戦略』）と見なされていた。

兵本氏は先の著書の中で、こう記している。

「京都府庁のなかに、日本共産党のガン細胞ならぬ、政治的な細胞（のちに支部）のネット・ワークが稠密《ちゅうみつ》に張りめぐらされ、相互監視は無論のこと、共産主義に特有の密告、監視システムが構築され、独自の政治的な勤務評定が職場で行われた。労組の人事介入が行われ、正常な人事異動ができなくなるところまで行き着いた。この細胞は、殆《ほとん》ど無制限に膨脹《ぼうちょう》をはじめ、京都府の市町村に及び、府の行政組織の全体を呑《の》み込んでしまった。府下の市町村は、補助金、交付金、公共事業の箇所づけなど、あらゆる行政手段を通じて、府職労――実は日本共産党――のコントロール下に置かれていった。そして、これが選挙ともなると、京都府の行政組織全体が、日本共産党の集票マシーンと化すのである」

また野中広務元官房長官は、自らの京都府園部町長や京都府議時代を振り返り、その著『私は闘う』（文藝春秋社）の中で、こう記している。

「行政全体……個人個人に対する『ばらまき行政』が中心で、しかもこの『ばらまき』が共産党の勢力を伸長させるように使われていた。例えば、共産党が掌握している京都建設協同組合というところに、健康保険の補助金を際限なく出す。あるいは、京都市内の各難病団体にそれぞれ補助金を出し、その事務局長に共産党員を張りつけて、そして人件費補助をする。こうした方法で、共産党があらゆるところに組織を浸透させていった。いまだに京都で共産党がつよいのは、そうして作った組織が生きているからである」

その故であろうか、蜷川知事就任当時（50年）では府議会で社会党15議席に対し、日本共産党はわずか1議席だったが、71年の統一地方選では社会党15議席に対し、日本共産党12議席と接近。72年の衆院選では京都1区（京都市内、中選挙区＝定数5）で日本共産党が2人当選を果たしたのに対し、社会党は1人当選で、得票率も日本共産党30％に対し、社会党は半分以下の14・2％であった。

「庇《ひさし》を貸して母屋《おもや》を取られる」との言葉があるが、共闘相手の日本共産党に社会党の地盤が蚕食《さんしょく》されたのであろうか。かつて民主党（当時）の前原誠司元代表が、日本共産党による民主党に対する国民連合政府への参加呼び掛けに対し、「共産党の本質はよく分かっているつもりで、シロアリみたいなものだ。ここと協力したら土台が崩れてくる」（２０１５年11月14日放送のテレビ番組）と発言、否定的な見解を示したことがあった。京都市を選挙区とする前原氏ならではの発言として想起される。

■美濃部都政下での露骨な「赤旗」購読強要

また、美濃部都政ではどうだったか。それについて「昭和四十二年、東京都に美濃部革新都政が誕生するや、都庁内で着実に勢力を伸ばしたのは、労働組合、社会党ではなく共産党であった。それはあたかも、それまで眠っていたガン細胞が目を覚まし、増殖拡大して組織全体に転移してしまったかのようだ」（福田博幸「財政破綻《はたん》は当たり前！『革新自治体』の虚と実」、『別冊宝島　社会党に騙《だま》された』）と報告される。

福田氏の同論文では、その日本共産党の実際行動の一端を、こう伝えている。

「美濃部革新都政下で、共産党は職員に機関紙『赤旗』の定期購読や共産党出版物の購読を強要した。都庁職員で組織する『都職労』への浸透力を背景に、労組役員や共産党員を使って一般職員に（購読を）働きかけ……管理職に対しては、共産党の議員を使って働きかけた」

「組織と資金の拡大を目指したその勧誘方法は巧妙を極め……党員の保母は園児の保護者に、看護婦は患者に、税務職員は中小企業納税者にとそれぞれの触手を伸ばす。まさにゆりかごから墓場までといわれる自治体の日常業務を徹底的に利用して、党活動を都行政全体に浸透させていった」

「とくに都庁職員に対しては、勤務時間中であろうが、夜自宅でくつろいでいる時刻であろうがおかまいなしに訪ねてきたり、電話でしつこく勧誘する。その方法は徹底していた」

「職員の側は、『共産党に睨《にら》まれて出世を邪魔されてはかなわない』『楯《たて》突いて飛ばされてもつまらない』『議会で意地の悪い質問をされても困る』などの理由から、共産党に対する〝保険〟のつもりで、付き合いで『赤旗』の購読を始めた」

「その結果、美濃部革新都政時代、都庁及び二十三区の管理職ならその九割以上が、一般職員ならその約二割が『赤旗』を購読したのである。具体的な実数を示すと、東京都庁関係者だけで日刊紙『赤旗』は八千部、日曜版『赤旗』は二万二千部の購読数を数えたのだった。まさに共産党に乗っ取られたかのような美濃部革新都政の実態であった……」と。

この「赤旗」の購読強要は、「全国の革新自治体で同様のことが行われた」(兵本氏の前掲書)という。むろん、それは日本共産党の諸活動のごく一端にすぎない。

革新自治体は、一面では福祉政策や環境政策で国の施策を先取りする成果を収めたが、その負の部分として巨額の財政赤字をもたらした財政破綻が指摘される。その主要因は職員の大幅増員による人件費増である。例えば美濃部都政下では、自らの支持・推薦母体である都の職員団体「都職労」の要求に応えて、任期12年間に職員数を17万7000人から22万人にし、実に4万3000人増やした。その結果、1976年には人件費が都財政の42・5%を占めるに至ったのだ(兵本氏の前掲書)。

■「ヤミ専従」職員の横行も

この自治体職員の増員は東京都に限らず、全ての革新自治体で行われ、程度の差こそあれ財政を圧迫した。この職員の増員の波の中で横行したのが、俗に言う「ヤミ専従」である。それは「役所に出勤して出勤簿にハンを押して、いつの間にかどこかへ行ってしまう」(福田氏の前掲論文)、つまり仕事はしないで組合活動に専従している人たちのことである。

野中広務氏も、この問題を京都府議会で追及した事例を前掲書の中で、こう記している。「組合の専従は本来は組合員から徴収した組合費の中から給与を払うべき筋あいのものである。それを府民の税金を使って活動をするとはとんでもない考え違いである。この専従の活動が、共産党の勢力伸長に大きな役割を果たしているとなれば、なおさら公金である税金から給料は支払われるべきではない。私は調査によってこの闇専従の実名を何人も摑《つか》んでいた」と。

また、70年の府知事選では、蜷川知事の対抗馬として立った保守系候補の推薦母体「京都を明るくする会」もこの問題を取り上げ、『公務員が勤務中に公然とビラ配布』『一説では、六百人もいるといわれる〝ヤミ専従職員〟が、勤務もせずに〝赤旗〟を配布し、特定候補の運動をしている』（『革新自治体―その構造と戦略』）と府職労を批判する場面もあった。むろん、ここに紹介した「革新自治体」下での事例はあくまで氷山の一角、一断面にすぎない。

地方自治体での革新統一戦線と国政レベルでの政権共闘・統一戦線とは、むろん大きな相違があろう。しかし、革新自治体下での日本共産党の実際行動が物語るものは、ともかく権力の中に入り込みさえすれば、それをテコに自分たちの格好の勢力拡大ができる、足場を築けるということであろう。それが国政レベルであれば、よりスケールの大きい形で、それこそ自分たちのめざす革命方向に強く進めることができる、と目論《もくろ》むのだろう。

■「オール沖縄」という統一戦線下での共産躍進

ところで、日本共産党は中央・地方で「反基地」「反原発」など様々な旗印を掲げての統一戦線づくりに余念がないが、最近の例で注視されるのは、「オール沖縄」の動向だろう。

２０１４年の沖縄県知事選において、自民党沖縄県連幹事長や那覇市長を務めた翁長雄志氏が、米軍普天間飛行場（宜野湾市）の名護市辺野古移設反対を訴えて、自民党を割って出て立候補し、革新勢力と共闘して当選を果たしたが、その際の翁長氏を支援する枠組みとして具体化されたのが「オール沖縄」である。その参加団体には革新系の社会民主党、日本共産党、沖縄社会大衆党などと、保守系の一部自民党県議・市議らの政党・会派のほか、労働団体、市民団体、経済・業界団体など約20団体が加わった。翁長氏ら保守のメンバーとその支援者が参加する「保革共闘」となったことが、従来の革新勢力のみの共闘態勢とは違う特徴とされた。

日本共産党からすれば、まさに好都合な沖縄版・統一戦線の形成だろう。

以後、沖縄では国政選挙をはじめ、あらゆる選挙において選挙協力・候補者調整・統一候補擁立が行われ、主に自民党や公明党などの保守・中道グループと、「オール沖縄」陣営との対決図式が繰り返されてきた。

次の一文は、14年の結成時から4年経った18年時点での検証記事（「読売」18年8月15日付「政治の現場」）で、「変質した『オール沖縄』」との大見出しがつけられている。「一枚岩のように見えるオール沖縄も、内情は複雑だ。翁長の知事初当選を後押しした4年前とは、大きく変質した。沖縄では、米軍基地を巡り、保守と革新の対立が続いてきた。構図を変えたのがオール沖縄だった。保守の一部と革新が反辺野古の一点で共闘し、翁長を知事に押し上げた。その後、共産党は県議選などで議席を伸ばした。一方、オール沖縄のメンバーだった保守系議員は、共産に押し出される格好で軒並み落選した。肌が合わないと感じた地元企業や議員は相次いで離脱した。オール沖縄は発足から約4年を経て『共産一色に染まりつつある』(翁長周辺)」

この記事にある沖縄県議選での日本共産党の議席増とは、12年5議席、16年6議席、さらに20年には過去最高の7議席となっている。その一方、12年選挙で6議席を獲得していた社民党は、20年選挙では4議席に後退し、県議会与党第一党の座を日本共産党に奪われた。この構図は前述の蜷川知事下での京都府議会における日本共産党と社会党との議席逆転劇を彷彿とさせる。

また、17年7月の那覇市議選（定数40）でも日本共産党は1997年（定数44、2009年以降40に変更）以来の7議席を獲得し、議席占有率で過去最高を記録した。その一方で、翁長派の元自民党市議グループ新風会が惨敗し、最盛時には12議席を擁した同グループは3議席に激減した。

その結果を受けて、ジャーナリストの目黒博氏は「反辺野古派陣営内で保守系が後退して共産党の比重が増し、『オール沖縄』は実質的に『オール革新』に変質しつつあることを露《あら》わにした。……『オール沖縄』の共産党一強体制である」（「ハフポスト日本版」17年7月17日）と指摘している。

さらに日本共産党にとって、「オール沖縄」という統一戦線の何よりのプラス効果は衆院小選挙区・沖縄1区で「オール沖縄」の統一候補として同党候補が臨むことができたことだろう。それにより14年の第47回衆院選で同党として実に18年ぶりとなる衆院小選挙区議席の獲得、かつ党として唯一の小選挙区議席となったわけで、17年の衆院選でも同党として唯一の小選挙区議席確保を果たしたことだ。

日本共産党の統一戦線は「労働組合および大衆政党を内部から占領する」、つまり俗に言う〝庇を借りて母屋を乗っ取る〟戦術そのものといえるが、上記の「『オール沖縄』の共産党一強体制」「共産一色に染まりつつある」といった指摘はそれを示すものだろうか。そして、その結果としての日本共産党の沖縄での躍進といって過言ではあるまい。

■革命への片棒担《かつ》がされる羽目にも⁉

日本共産党は現綱領で「民主主義的な変革は、労働者、勤労市民、農漁民、中小企業家、知識人、女性、青年、学生など、独立、民主主義、平和、生活向上を求めるすべての人びとを結集した統一戦線によって、実現される。統一戦線は、反動的党派とたたかいながら、民主的党派、各分野の諸団体、民主的な人びととの共同と団結をかためることによってつくりあげられ、成長・発展する」とし、統一戦線は労働者をはじめとした各層、各分野の諸団体との共同によってつくりあげられるとしている。

同党のめざす革命路線がいかにも幅広い層、幅広いすそ野に支えられるものとする自己宣伝的なニュアンスもあるだろう。だが、同党には同党系の外郭団体、フロント組織、あるいは支持団体、シンパの組織が同党周辺に多数あることもよく知られており、暗にそれらを指しているのかもしれない。

例えば、全労連（全国労働組合総連合）、自治労連（日本自治体労働組合総連合）、全教（全日本教職員組合）、国公労連（日本国家公務員労働組合連合会）、全日本民医連（全日本民主医療機関連合会＝民医連）、民放労連（日本民間放送労働組合連合会）、自由法曹団、青年法律家協会、出版労連（日本出版労働組合連合会）、日本ジャーナリスト会議、全商連（全国商工団体連合会＝民商）、新日本婦人の会、民青（日本民主青年同盟）……等々、実勢力はともかくとしても組織体としては全国的に各界各層に網の目のように張り巡らされている。

「大衆諸組織は、一方においては共産党が補給勢力をくみ取る貯水池であり、他方においては前衛と全階級、全労働者大衆とを結びつける伝導帯である。プロレタリアートの大衆諸組織が大きく、その数が多ければ多いほど、共産党の利用しうる貯水池は大であり、共産党が訴えうる聴手もまた広範である」とは同党の「二七年テーゼ」の一節である。

仮に、日本共産党が政権入りを果たせば、かつての蜷川府政下や美濃部都政下をはじめ多くの革新自治体での実際例のように、あるいは

「オール沖縄」での取り組みのように、上記のような組織・団体などがそれぞれフル回転し、増殖拡大し、統一戦線とその上に立つ政府を強力に支え、影響力を高めていく役割を果たすことになろう。革命政党ならではの取り組みといえるが、この点も日本共産党以外の諸政党と違うところであろう。

いずれにしても、日本共産党が統一戦線戦術を一貫して追求し、民主連合政府樹立に固執し続け、その前段階に位置付ける「さしあたって一致できる目標の範囲」の共闘関係や政府実現に執念を燃やし続ける、その意図、目的を改めて直視する必要がある。

そうでないと、選挙での「票」取引のためとか、あるいは「さしあたって一致できる」当面の主張や要求実現のために日本共産党と手を組むこともあるだろうが、他政党からすれば一般的な選挙協力、野党共闘のつもりでも、知らず知らずのうちに日本共産党の言う統一戦線に与《くみ》する形となり、その小道具として扱われ、革命への片棒を担がされる羽目になることも起こりうるのではないか。

現に16年7月の参院選直前、民進党（当時）は全国32すべての1人区で〝野党統一候補〟を擁立するにあたり、唯一、香川県で民進党が推薦を決めていた候補者を取り下げ、日本共産党の公認候補に一本化した。

その際、同県では民進党県連代表と日本共産党県委員長が「確認書」を交わし、その冒頭に「両者は04年共産党新綱領の趣旨に従い……」と明記した。確認書は民進党県連が日本共産党綱領を「追認した形」（「産経」16年8月29日付）、つまり〝同意〟したと宣言するに等しい内容であり、「民進党がどんどん共産党に蝕《むしば》まれている」（「産経ニュース」16年6月6日ネット配信）と論評される一幕もあった。

この確認書について、志位委員長は後日の同党会合で、わが意を得たとばかりに「党綱領の立場に、他党から共感や信頼が寄せられるところまで、野党共闘が進化していることは、たいへんうれしい」「日本共産党綱領が現実政治の熱い焦点になっている」「日本共産党の綱領、まさに〝旬〟であります」と手放しで賛嘆し大評価した。それは選挙での「票」の取引材料として、民進党を日本共産党の革命戦略に引き込む一事例を物語るものだった。

■共産党との連立は「一方交通の道へ転化」

19年参院選が近づくにつれ、野党間で選挙協力・共闘態勢をめぐり、様々な動きが出てくるであろう。それに際し、冒頭部分で紹介した、ゲアハート・ニーマイヤー教授の次のような指摘の言葉を改めて銘記したい。

「現代の議会民主主義では、連立政権は例外というよりはむしろ通例だ……同一の政党がときには権力の座をしめていたかと思うと権力を失い、連立政権に参加していたかと思うと、野党になっていることだ。連立が瓦壊すると、参加していた諸政党はそれぞれ違った道をゆくが、いずれはふたたび新しい連立に復帰する可能性がないわけではない。……ところが、非共産主義諸政党と共産党を組み合わせた連立の場合はまったく違う。共産党が政治のパートナーとして登場するやいなや、その連立は継続する連鎖の一つの環たることをやめて、最終的なもの、つまり一定の明確な目標へいたる一方交通の道へ転化してしまう。共産党をふくむ連立はきまって共産党の独裁か、あるいは非共産主義政党と共産党間の完全な決裂をもって幕をとじる」(前掲書)。

〈公明ブックレット㉝所収「野党共闘と統一戦線論」から抜粋、初出は月刊「公明」2018年9月号〉

Ⅱ．〝党利党略の具〟の安保・自衛隊政策

迷走する日本共産党の自衛隊政策

――「解消」論はめざす革命成就のための〝障害除去〟狙いからか

立憲民主党の泉健太代表が2022年10月21日、東京都内の講演で、立憲民主と日本維新の会との間で隔たりが大きいと指摘される憲法に関し、「実はそんなに、差があってないようなもの」「（9条も）必要があれば（国会の）憲法審査会で議論すればいい」（「産経」22年10月22日付など）と発言した。これに対し、日本共産党の志位和夫委員長は10月23日、自身のツイッターに「維新の会が『憲法9条改憲の突撃隊』となっていることは明らかであり、もしも立憲代表が憲法をめぐって維新と協力の余地ありと考えているとしたら、とんでもない考え違いというほかない。野党ならば『与党の補完勢力』『改憲の突撃隊』と正面から対決すべきです」と投稿した。

▽「敵味方すぐ色分けし異論許さぬ考え方…」

これに立憲民主の泉氏は、「協力の余地？　憲法を『議論する』と言ったまでで、協力の余地ありなどとは一言も言っていませんが…。ずいぶん見当違いな認識と批判です」と反論。そして、「敵味方をすぐに色分けし、異論は許さないという考え方こそ改められては」と言葉を返した。

この両党首脳の応酬――「（泉氏は）国会での共闘強化に向け、維新に秋波を送る意図があったとみられる」「日本維新の会に接近する立民に対し、共産の不満が爆発した格好」などとメディアで観測されているが、何事につけ敵か味方かの黒白図式に裁断しようとする、いつもながらの共産党の独善的習性に対し、いささかウンザリ気味に〝やれやれ〟と言わんばかりの泉氏の対応ぶり、と言ったら言い過ぎか。

国会は議論の場であるが、泉氏の「9条も憲法審査会で議論すればいい」との話に対し、目くじら立てる志位氏のツイート内容は、それこそ反憲法的だろう。

それに、従来の立憲民主は憲法審査会の開催自体にも後ろ向きだったが、「最近の立民は共産が距離を置く日本維新の会との共闘を重視している。改憲を掲げる維新への配慮から、先の臨時国会では憲法審査会の開催にブレーキをかける場面はほとんどなかった」（「産経」22年12月23日付）と伝えられるように、上記の志位氏の意向は無視された形のようだ。

▽当面・現憲法擁護、先行き改憲を当然視

日本共産党は今日、「現行憲法の前文をふくむ全条項をまもり、とくに平和的民主的諸条項の完全実施をめざす」（04年以降の綱領）とし、現憲法丸ごと擁護の立場に立っている。しかしそれは、あくまで現段階・現時点のものだろう。社会主義革命をめざす同党としては、革命成就の暁《あかつき》には現憲法を廃棄し、人民民主主義憲法・社会主義憲法を制定することを当然視している。

すなわち、「わが党があきらかにした革命路線にしたがって、人民の民主主義革命が達成されたあかつきには、確立される人民権力にふさわしいようにあたらしい憲法がつくられることは当然」「一つの憲法がブルジョア憲法であるとともに、同時に人民民主主義の憲法でも社会主

義憲法でもあるなどということはおよそありえないことである」(日本共産党中央委員会出版部発行『憲法問題と日本共産党』)、あるいは「社会主義日本へと発展すれば……それにふさわしい憲法がつくられるのは当然です」(上田耕一郎・政策委員長、「赤旗」1973年3月29日付)等々と。

そうした方針の下、同党では現憲法に対し、革命戦略上、「どういう意味で現行憲法を擁護し、同時に、どういう点では手をしばられるものではない」(宮本顕治『日本革命の展望』)ということを党内に徹底してきた。つまり、「どういう意味で現行憲法を擁護し」とは、現憲法の「平和的民主的諸条項」を革命へのテコとして利用するべく、現綱領でも「とくに」との言葉を付して強調し、その「完全実施をめざす」ということ。また、「どういう点では手をしばられるものではない」というのは、「人民の民主主義革命が達成されたあかつきには、確立される人民権力にふさわしいようにあたらしい憲法がつくられることは当然」と主張するように、現憲法の廃棄、社会主義憲法の制定へのフリーハンドを確保するということである。

▽「平和的民主的諸条項の完全実施」とは…

ここでいう「平和的民主的諸条項の完全実施」とは、自衛隊解体であり、さらに同党が過去に行った武装蜂起・軍事闘争などの暴力的革命路線を契機に作られた「破壊活動防止法」(破防法)や、デモ・集会の事前届出や許可制をうたう公安条例、警察官職務執行法(警職法)など一連の治安関係法令の廃棄、公安調査庁など治安関係機関の縮小・廃止、警察制度の「民主化」、官公労のスト権奪還、政治ゼネストの合法化などを指している。

なお、同党が盛んに使用する「民主」とか「民主化」の意味は通常の用法とは違う革命目的直結の意味合いを持っていることに注意すべきだ。立花隆氏が「共産党の用いる『自由』とか『民主主義』ということばが、一般の用法とは違う意味で用いられている」「共産党独得の意味あい」「意味論的錯覚の利用」(『日本共産党の研究』)と指摘している通りだ。

ところで、「平和的民主的諸条項の完全実施」は何のためか。それは、同党が社会主義革命をめざす上で最大の障害となると見ているのが自衛隊であり、邪魔な治安関係法令であり、そして日米安保条約に基づく在日米軍の存在であるからだ。

日米安保について同党前議長の不破哲三氏は、こう述べている。「日米安保条約にもとづいて日本に配置されている在日米軍は、日本の国内問題に『不干渉』であるどころか、自衛隊を事実上その指揮下におくと同時に、日本の国内問題に軍事的干渉をおこなう任務を、条約上も公然とになっているのである」「現行安保条約は、『間接侵略』の危険に対処するという口実で、在日米軍が、日本人民の闘争を干渉、抑圧することを予想しているのである」(「前衛」68年1月臨時増刊号)と。

従って、同党が主導する民主連合政府の最大の任務役割として挙げているのは日米安保条約の廃棄と自衛隊の解消、すなわち革命の障害物除去=「軍事的空白状態」の創出、つまり〝革命の足場を築く〟ためなのだ。

同党は、こう言っているのである。

「わが国で革命の発展を展望する場合、けっして無視することのできないのは、日米安保条約にもとづく在日米軍の存在である」「統一戦線政府が樹立されたとしても、自衛隊、警察、さらに在日米軍などの暴力装置を中心に、国家権力の主要部分をにぎる米日支配層が、この権力を活用して必死の抵抗と反撃を組織しようと(する)」「アメリカ帝国主義と日本独占資本が、あらゆる手段をつかって、反帝反独占の諸政策の実行を妨害し、統一戦線政府の存続そのものを否定しようとする」(日本共産党中央委員会出版局発行『極左日和見主義者の中傷と挑発』＝67年4月29日付「赤旗」紙上に評論員論文として発表され、準綱領的文書とされ、党員学習の独習指定文献とされた)と。日本共産党が「革命」を遂行しようとした場合、日米安保条約に基づく在日米軍と自衛隊が「一定の条件下で軍事的干渉にでる法的根拠がなおのこされている」(同)としていることから、これをあらかじめ排除しようということではないのか。

▽〝軍事的空白状態〟創出は革命勝利への布石

同党は、また、こう言っている。「日本革命の敵、アメリカ帝国主義と日本独占資本は、現在、まだまだ強力です。それは、一六万の警察力、二六万の自衛隊、それにアメリカの駐留軍、その他の国家機構によってささえられていま す。こうした米日支配層をうちたおして革命の勝利にいたる……」(下司順吉・中央委員会幹部会委員、「前衛」68年4月号巻頭論文)と。

つまり、警察力、自衛隊、在日米軍などの暴力装置は「米日支配層の国家権力の背骨をなすもの」(不破氏の前掲論文)であり、「革命の勝利」のために暴力装置である警察力を縮小・「民主化」し、自衛隊を解体し、日米安保条約を廃棄して在日米軍を日本から駆逐する、としているのだ。全ては「革命の勝利」のためである。従って、同党の自衛隊観、対自衛隊政策も、そうした自覚がめざす「革命」的見地に基づくものである。

同党は、自衛隊について、「米太平洋軍の補完的部隊としての役割をおわされた対米従属の軍隊」「憲法九条に違反した違憲の軍隊」「『間接侵略対処』、『治安維持』と称して民主的な運動の弾圧にもつかわれようとする国民抑圧の軍隊」（73年の「民主連合政府綱領についての日本共産党の提案」）との認識を示しており、「自衛隊のこの性格からして、自衛隊はけっして日本の主権を真にまもる自衛組織とはならない。日米安保条約を廃棄した民主連合政府は、なによりもまず自衛隊のいっさいの対米従属性をたちきり、解散の方向をとる」（「赤旗」83年11月19日付）との立場をずっと貫いている。

むろん、日米安保条約廃棄・自衛隊解消の先にあるのは日本共産党がめざす革命成就であり、社会主義日本への前進であり、前述したように現憲法廃棄、そして人民民主主義憲法・社会主義憲法の制定というコースである。

同党の安全保障政策は従来、「中立・自衛（武装）」と呼ばれている構想で、日米安保条約廃棄・自衛隊解散後、「将来の問題としては、内外情勢の推移によっては、日本が自国の独立と主権をまもるために、軍事的な意味でも、一定の自衛措置をとることを余儀なくされるような状況も生まれうることを考慮する必要がある」（「赤旗」68年6月11日付）とし、「したがって、将来にわたって『非武装中立』などを固定的な原則として宣言したりすることは……正しい態度ではない」（同）としていた。

▽9条は自衛権行使に「大きな制約」と改変主張

また、73年11月の第12回党大会で決定した『民主連合政府綱領についての日本共産党の提案』を発表するにあたって」には、こう明記されている。「日本共産党は、将来、……社会主義日本をめざして前進していく過程で新しい憲法が必要となったさい、国民の総意にもとづいて、最小限の自衛措置をとり、憲法上のあつかいもきめることを主張している」と。

あるいは9条に関し、こう言っていたのである。「将来日本が名実ともに独立、中立の主権国家となったときに、第九条は、日本の独立と中立を守る自衛権の行使にあらかじめ大きな制約をくわえたものであり、憲法の恒久平和の原則をつらぬくうえでの制約ともなりうる」(「前衛」75年7月号「民主主義を発展させる日本共産党の立場」)と。つまり、9条では恒久平和を貫けないので、将来これを改変すると主張していたのである。

この件に関し、こういう証言もある。2023年2月、同党党員を除名処分されたジャーナリストの松竹伸幸氏(1955年生まれ)は、「私が学生の頃、(志位氏の出身校でもある)東大の人と交流することがあって、びっくりしたことがあります。東大で共産党に入った人の新入者教育では、要するに『9条があるおかげで日本の独立が妨げられている』という教え方をしているんですね」(「J-CASTニュース」2023年2月5日)と。

つまり「9条は日本の独立の妨げ」という蔑視《べっし》的な〝9条の制約〟論を現場レベルの党員教育で徹底していたということ、先行き9条の改変をめざしていたことを、この事例も物語っていよう。

▽社会主義下で「軍隊をあらためて持つ」

不破哲三氏の実兄の上田耕一郎・外交政策委員長(当時)は、より端的にこう語っている。「民主連合政府のときはいまの平和憲法はいじくらない、……やがて社会主義へ進むときには国民の総意にもとづいてニッポン国は憲法を改正することになる。……そしていまの自衛隊は、それまでの段階ですでにクビ、つまり解散させられている。中立自衛のための軍隊をあらためて持つことになる」（「週刊サンケイ」臨時増刊1973年3月6日号）と。そのように、自衛隊解散後に「軍隊をあらためて持つ」とし、また「徴兵制は不必要」「核兵器は絶対もちません」（「赤旗」73年3月29日付）とも示している。

同党の上記の安全保障政策が仮に断行されるとなれば、国内外に大激動を及ぼすことは必至であろう。日米安保条約廃棄一つを見ても、日米関係や国際社会に及ぼす影響は計り知れないものがある。その上で、自衛隊を解消するとしており、同党の民主連合政府綱領提案では、「防衛庁設置法、自衛隊法を廃止し、違憲の自衛隊をすべて解散させる。転職を希望するすべての隊員にたいし、階級、地位のいかんにかかわらず、平和産業や官公庁への転職を政府として保障する。退職金は全額支給することはもちろん、官公庁、自治体、企業側の万全の受け入れ態勢を法制化する」としている。

▽論理的に破《は》綻《たん》の「〝軽業師〟のような提案」

2022年3月末現在、約23万人いる自衛隊員の処遇や、所有する航空機や艦船、戦車、ミサイルなどの兵器・装備の廃棄処理等々、経費的にも事務処理的にも、ケタ外れの膨大なエネルギーを要する大事業であり、その実行がどれほど大変で困難なことか。しかも、大苦労して自衛隊を解散しゼロにした後で、今度は新たに制定する社会主義憲法下で「自衛軍を創設する」としている。当然、新たな兵員募集や、新たな兵器・装備の調達問題が起きてくる。それにしても、想像するだけでも、二度手間の、壮大なロスを生じることは必至であり、その非現実性・政策的不毛性・合理性欠如は誰が見ても一目瞭然である。

現に同党の政策責任者を務めた筆坂秀世氏も、「まずは『国民合意』で自衛隊を解散させ、そのあと『国民合意』で憲法を改定し、『国民合意』で新しい自衛軍を持つというのであるから、論理的には破綻した現実味の薄い〝軽業師〟のような提案である。だが、ともかくこれが、当時の共産党の一貫した立場であった」（『日本共産党』新潮新書　２００６年刊）と酷評しているほどだ。

　ところで、筆坂氏は「おそらくいまの党員の多くは、こういう共産党の主張を知らないと思う」（同）とし、なぜなら１９９４年7月の第20回党大会で、「この立場の事実上の転換がおこなわれた」（同）からだというのだ。しかし、「おそらく党幹部も含めて、この大会で事実上の転換がおこなわれたと理解している党員は少ないだろう。なぜなら、そのような説明がなされなかったからである」（同）と述べている。

　では、どのように「事実上の転換」がなされたのか。同大会で改定された綱領で、「党は、自衛隊の増強と核武装、海外派兵など軍国主義の復活・強化に反対し、自衛隊の解散を要求する」と明記。そして、志位書記局長（当時）は「中央委員会の報告」の中で、「わが党は、日本が、民主連合政府によって、独立・中立の道をすすみだしたさいの安全保障政策が、憲法九条と矛盾しない範囲のものとすべきであることを、七〇年代からくりかえしあきらかにしてきました。……わが党は将来にわたってこの方向での努力をいっそうつよめるものであります」と強調した。また、大会決議では「急迫不正の主権侵害にたいしては、警察力や自主的自警組織など憲法九条と矛盾しない自衛措置をとることが基本である」との方針を示し、97年の第21回党大会でも同方針は踏襲された。

　しかし、警察組織は国内治安維持や交通整理などが任務であり、重武装した侵略軍に立ち向かう装備もなく訓練もされていない。ミサイルや爆撃機による攻撃には対処しようがない。また「自主的自警組織」の中身も全く不明だ。それ以前も、「可能なあらゆる手段を動員」というだけで具体的措置への言及はまるでなかったなど無責任極まるものだった。

▽現実無視の〝竹やり論〟と揶揄《やゆ》される

当時、同党政策委員会に所属し安保外交部長も務めた松竹伸幸氏は、この「警察力」や「自警組織」といった安全保障政策について「共産党員の間ではともかく、さすがに国民の間では通用しません」「（国民から）『ミサイルが落とされたらどうするのか』という質問などが常に寄せられるのですが、それに対して……『警察力で撃ち落とします』などと言えるわけもなく……」（『改憲的護憲論』集英社新書　２０１７年刊）と述懐しているが、一般には現実無視の〝竹やり論〟などと揶揄されていた。

むろん、同大会で従来の「中立・自衛」政策を実際に転換したのかどうか不明だ。もし本当に転換したなら、党大会という公式の席上できちんと説明し、転換したことを明言するはずだが、筆坂氏が証言しているように、そうはしなかったからこそ政策の〝大転換〟を「党幹部も含めて理解している党員は少ない」という異常事態が生じたのだろう。明言しなかったのは、実際には転換などしておらず、ただ口をつぐんでいるだけだったのかもしれない。社会主義日本の段階に至れば、「共産党の本来の方針」（筆坂氏）である「中立・自衛」にいつでも立ち戻ることが可能であるからだろう。

▽大批判した社会党の「非武装中立」と同立場

それに、民主連合政府の段階とはいえ、もし本当に旧社会党並みの「非武装・中立」の立場に事実上変わったのなら、それは日本の安全保障政策として丸腰の竹やり論の立場に立つことを意味する。果たしてそれで日本の平和と安全を本当に確保できるのか。旧社会党の「非武装・中立」政策に対し、同党は〝自らの手を縛る〟〝事実上、自衛権放棄の弱点を持つ〟〝非現実的で観念的な空論〟〝無責任な議論〟と大批判し、叩きに叩いてきた。１９６８年6月発表の同党安全保障政策の中では「将来にわたって『非武装中立』などを固定的な原則として宣言したりすることは……正しい態度ではない」としていたが、その言説も覆《くつがえ》すものであろう。

▽〝態度豹変〟は日本共産党の一特徴

日本共産党の一特徴である〝態度豹変〟。例えば、こう指摘される。「……ある日突然党の方針がガラリと引っくり返り、昨日まで走っていた方向とは別方向に走りだすという共産党の体質は、その後の党史においても豊富に実証される」（立花隆『日本共産党の研究』）、「日本共産党が時代とともに、情勢とともに、たえずカメレオンのごとくその基本的見解を豹変させ……」（兵本達吉「幻想と批評」第7号）、「共産党の特徴は方針をいつの間にか変えていく」「憲法の条文は一字一句変わっていないのに、改憲派から護憲派になったということは、共産党がくるくるくる態度を変えてきたということだ。……国民受け狙い。それだけだ」（筆坂秀世『日本共産党　本当に変わるのか!?』）と。

同党の自衛隊政策もその例だろう。

前述のように、同党の安全保障政策が従来の「中立・自衛（武装）」から94年の第20回党大会で事実上の「非武装・中立」へと突然変異的にガラリと変わったが、筆坂氏によれば、6年後の２０００年11月の第22回党大会で、自衛隊政策は、「またまた事実上の転換があった」とされる。「その引き金となったのは、二〇〇〇年八月二七日のテレビ朝日『サンデープロジェクト』だった。田原総一朗氏が司会で、自由党の小沢一郎党首（当時）と不破議長の討論がおこなわれた。ここで不破氏が、生放送中に自衛問題で小沢氏と田原氏に追い詰められてしまった」（『日本共産党』）からだそうだ。「敵が攻めてきた」時、「自衛隊がなかったらだれが（自衛の行動を）とるのか」という問題についてだ。

▽「活用」論は遠い先の民主連合政府段階の話

そこで22回党大会で、自衛隊が違憲の存在であるとの認識は変わらないものの、民主連合政府下でも自衛隊が一定期間存在することは避けられないとして、解消するまでの過渡的な時期に「急迫不正の主権侵害、大規模災害など、必要にせまられた場合には、存在している自衛隊を国民の安全のために活用する」との「自衛隊活用」論を打ち出した。当時、筆坂氏は同党の政策委員長で、党内「ナンバー4」といわれた最高幹部の立場にあった。筆坂氏によれば、「自衛隊活用論であると同時に、実は、事実上の自衛隊『容認』論への転換という意味合いをも持っていた」（同）ようだ。

というのは、大会決議「案」の時点では、「その（自衛隊が存在する）時期に、必要にせまられた場合には、存在している自衛隊を、国民の安全のために活用することは当然である」との記述だった。確かに、大会提出議案を決めた第7回中央委員会総会（2000年9月19、20日開催）決定でも、そのように明記され、「その時期」とは現段階・現時点を含めての意味合いだったようだ。ところが、同大会で異論が出され、決議の当該箇所は修正されたのだが、しかしその際、自衛隊の活用は民主連合政府の段階だけとの説明がなされなかったそうだ。

そのことに関し、筆坂氏の著『日本共産党』

に、同党内の対自衛隊をめぐる〝ある事件〟の顚末《てんまつ》が紹介されている。実名は伏してあるが、先に登場した松竹伸幸氏（当時は同党政策委員会勤務）が同党機関誌「議会と自治体」（05年4月号）に書いた論文に関し、「これは党の立場とは違う」と上部からクレームがつき、次号で自己批判文の掲載を求められた。だが、同じ政策委員会に所属していた筆坂氏は納得できず、それは〝言いがかり〟だとして、反論する意見書を提出した。それに対し、「上とも相談した統一見解」ということで、当時の小池晃・政策委員会責任者、副責任者の和泉重行・常任幹部会委員から、筆坂氏に次のような説明がなされたという。

「自衛隊活用論というのは、民主連合政府ができた段階のことであり、現在のことではない。換言すれば民主連合政府ができるまでは、いま侵略があっても自衛隊活用には反対する。いま憲法改悪反対闘争の核心の一つは『自衛隊反対』である」と。「上」とは志位委員長、不破哲三議長（当時）を指すのだろうか。「統一見解」とは同党最高幹部からなる「常任幹部会の一致した見解」（松竹氏）だとされる。

この件の顚末は、筆坂氏の『日本共産党』のほか、この件を理由に党本部職員を退職したジャーナリストの松竹氏の著『改憲的護憲論』に記述されている。松竹氏はまた、朝日新聞の言論サイト「論座」への投稿（22年11月8日）の中でも、こう述べている。「雑誌の刊行直後、志位氏からこの論文は共産党の立場から大きく逸脱しているとの批判があり、次の号に自己批判文書を載せるよう求められたのだ。志位氏の批判の根拠は、侵略されたら自衛隊で防衛するという党の立場は、安保条約が廃棄されて以降の方針であって、それ以前にも自衛隊を使うという私の考えは間違いだというものであった。これに対して私は、安保条約があろうがなかろうが、日本が侵略されたら自衛隊で日本を守るのは当然だという立場を表明する。それから1カ月近く、小池晃氏などとの議論が続くが、意見の相違は埋まらなかった」と。

松竹氏にクレームをつけたのが志位氏だったということだ。

筆坂氏は当時を振り返り、こう述べている。「これは第二二回大会で決定したはずの自衛隊活用論も、そこに含意された『違憲であっても、解消への国民合意がない以上、自衛隊の存在を認めざるを得ない』という立場をも覆す大変更である。……共産党はいかなる侵略があっても自衛隊を使いません、自衛隊活用論は民主連合政府ができた遠い遠い先のことです、と『赤旗』で大々的に報道すべきである」（『日本共産党』）と。筆坂氏はその後もまた「共産党が『自衛隊活用』論を採用した当時、私は政策委員長として指導部の一員であった。『民主連合政府が誕生した時』などという制約がかけられた事実はない。……民主連合政府などいつできるかも分からないし、未来永劫できない可能性すらある。こんな馬鹿げた方針を決めるわけがない。これでは事実上、『自衛隊活用』論を取り下げるのと同じである。おそらく、実際に取り下げようということだったのだろう」（『日本共産党の最新レトリック』産経新聞出版　19年刊）と語っている。そのように「自衛隊活用」論は遠い先の話であり、それまでは「違憲の軍隊」「国民弾圧の軍隊」として、党内は反自衛隊・自衛隊敵視で貫かれていたからこそ故に、以下のような事例も起きていたのだろう。

▽〝人殺し集団〟のように自衛隊を敵視、警戒

11年の東日本大震災の時の対応に関し、松竹氏の前出著には、こう書かれている。「さすがにあの大災害に直面して、自衛隊の派遣に反対するようなことは誰であれできませんでしたが、それでもいろいろ問われることがあります。多くの駐屯地から自衛隊が派遣されるわけですから、戻ってきた自衛隊をどうねぎらうかという問題も生じます。ところが、ある共産党の県組織が駐屯地を慰労に訪れたいと考え、その旨を中央委員会に申し出たところ、却下されたということもありました」と。同党は従来も、「自衛隊が各地で災害訓練に参加することに反対し、〝自衛隊封じ込め〟と言うべき取り組みを地方議会でも展開しました。実際に自衛隊が災害出動することさえ『憲法違反』と言わんばかりの姿勢でした」(元日本共産党国会議員秘書・篠原常一郎『日本共産党　噂の真相』育鵬社　20年刊)という有様だったのだ。

また、参院選を前にした16年6月のＮＨＫ政治討論会で同党の藤野保史・政策委員長(当時)が「(防衛費は)人を殺すための予算」と述べて辞任に追い込まれる一幕があった。番組に同席した各党メンバーから発言取り消しを求められても、藤野氏はその場で発言の不適切さを認めず、拒否した。これに関し、松崎いたる元同党・東京板橋区議は、こう述べている。「日共党内では当初、藤野の発言はなんら問題のない発言と受け止めていた。日共内では、自衛隊の装備品を『戦争の道具』、演習を『人殺しの練習』と呼ぶことは日常化していたからだ」(『日本共産党　暗黒の百年史』飛鳥新社　22年7月刊)と。

実際、全国各地の同党関係者から、同様認識の発言や主張、例えば「陸上自衛隊は『人殺し』の訓練」(同党奈良県会議員団などの自衛隊駐屯地の誘致に反対する講演会の案内チラシにある言葉＝15年10月)や、埼玉・上尾市議会本会議で同党市議が、高校教育と自衛官を養成する陸上自衛隊「高等工科学校」について、市の広報誌への生徒募集記事の掲載中止を求め、その際に「人を殺す練習をする学校」と決め付ける発言をした（15年12月）例など多々あるのだ。自衛隊をまるで〝人殺し集団〟のように敵視し、警戒していたということであろう。

▽唐突な志位氏の「活用」論に批判が殺到

ロシアによるウクライナ侵略や台湾をめぐって中国の軍事的威圧行動がエスカレートする情勢下、わが国の国防の在り方に一段と関心が集まっている。そんな中、日本共産党の志位委員長が22年4月7日の同党参院選向けの会合で、わが国への急迫不正の主権侵害が起きた際には「自衛隊を活用する」と唐突に発言したことが波紋を呼んだ。「自衛隊違憲・解消」を叫ぶ同党が、その自衛隊の活用をアピールしたのだから、「え！」と思わせる、国民受けするインパクトのある発言として党への注目を呼ぶ効果も狙ったのだろう。

この志位発言に対し、自民党はむろん、野党の間からも、日本維新の会や国民民主党から批判が相次いだ。いわく「ウクライナ戦争による反露世論の高まりに乗じて都合よく自衛隊を使う、この志位委員長の発言にびっくり！」「自衛隊を違憲と言い続け、いざという時に（自衛隊に）国民を守れと言うのは支離滅裂のご都合主義だ」「綱領との矛盾は否めない」「一貫はしていない」（「読売」22年4月9日付、「産経」同10日付など）と。さらに、国民一般からも「活用論には『ご都合主義』などの批判が殺到し……」（「産経」22年5月30日付）などと伝えられたことは周知の通りだ。

これに対し、志位氏はツイッターで反論。「……『綱領と違う』と非難する前に綱領をよく読んで」（4月8日）、「ここでのべたことは2000年の22回党大会で決め、04年の綱領にも明記した方針です。……批判は自由ですが、よく勉強してからにしてほしい」（4月10日）と。すり替え、ごまかしを常套手段とする同党らしい言い分だ。志位氏が言う「2000年の22回党大会で決め（た）」というのは前述のように、自衛隊活用は民主連合政府ができた段階という遠い遠い未来の話であって、現時点・現段階のことではないからだ。

それにもかかわらず、もう一つ、同党は同時期に、「？（はてな）リーフ」と称する参院選向けの宣伝ビラを全国で1340万部も大量配布していた。その中で、自衛隊に関して、次のような言葉を並べ立てていた。

「自衛隊の問題で、いまいちばん大事なことは、なくすかどうか、ではありません。……共産党は、いますぐ自衛隊をなくそうなどと考えていません。……〈万が一、『急迫不正』の侵略をうけたら…〉自衛隊もふくめて、あらゆる手段をもちいて命を守ります。……」と。まるで、仮に現時点で、わが国への急迫不正の侵略があれば、共産党は自衛隊が国の防衛に当たることを認めるとの響きを与え、事実上の自衛隊容認論の立場に立っているかのような表現だ。参院選を前にして、志位氏の発言と同様に、同党の現実対応での〝柔軟性〟を印象付ける狙いや効果を見込んでいたのだろうか。国民騙《だま》しの狡猾的な手法が透けて見える。

▽志位氏の「綱領に明記した」は大ウソ

それでは、志位氏の言う、批判に対する反論の口上である、「04年の綱領にも明記した方針だ。……批判は勉強してからにしてほしい」云々を俎上《そじょう》に載せよう。04年綱領を見ると、該当箇所と目される記述は、「安保条約廃棄後のアジア情勢の新しい展開を踏まえつつ、国民の合意での憲法第九条の完全実施（自衛隊の解消）に向かっての前進をはかる」との部分だろう。しかし、それは21回党大会での「……自衛隊解消は国民的な合意の成熟によってすすめる」との規定と表現的にはさほど変わりはない。実はどこを見ても「活用」論に関する記述は見当たらないのだ。04年綱領のどこに「活用」論を「明記した」というのだろうか。

22回党大会の大会決議で自衛隊活用論を打ち出した当時の同党政策委員長だった筆坂氏は、志位氏の自衛隊活用発言に対し、「究極のご都合主義が露《あら》わに」と批判する一文（「ＪＢｐｒｅｓｓ」22年4月19日）を寄せている。その中にこうある。

——今回の自衛隊活用論に対して、他の政党やメディアから批判がなされている。これに対して志位氏は、「『綱領と違う』と非難する前に綱領をよく読んで」と反論しているようだ。だが、ある週刊誌の記者から「綱領を全部読みましたが、自衛隊活用などとどこにも書かれていない。筆坂さんどうなんですか」という電話があった。あらためて読んでみたが、確かにその通りだった。志位氏が綱領にその規定があるというのは、綱領の……「自衛隊については、海外派兵立法をやめ、軍縮の措置をとる。安保条約廃棄後のアジア情勢の新しい展開を踏まえつつ、国民の合意での憲法第九条の完全実施（自衛隊の解消）に向かっての前進をはかる」と述べられているのがその根拠だと言うのだ。これを読んで、「なるほど活用論だ」とは誰も思わないだろう。ここに書かれているのは、日米安保条約の解消、自衛隊の縮小と解消だけである。しかもこれは、共産党が与党の中心となる「民主連合政府」が樹立されて以降のことを想定している。この実現性は、気の毒だが皆無に近い

——と。

筆坂氏はまた、「未だに綱領に〝自衛隊の解

消〟とあるのに、自衛隊活用なんて加えたら矛盾も甚だしいですからね。もう言ってることが支離滅裂です。この日本で、社会主義・共産主義の展望なんて持っている人がいるんですか。日本共産党の存在意義そのものが問われていると思います」「(――志位さん、何で『綱領にある』なんて言っちゃたのだろう――)ちゃんと読んでないのかもね。そう言われても仕方がないでしょう」(「デイリー新潮」22年4月13日)と指摘する。

自党の〝憲法〟である綱領を「ちゃんと読んでないのかもね」とまで揶揄される党委員長の志位氏だが、もとより承知の上でウソ・デタラメを言ったと見るのが普通だろう。志位氏は1990年から党書記局長に、2000年には党委員長に就任し、同党最高幹部として綱領改正にも携わっている。しかも13年に自著『綱領教室』(新日本出版)を上梓し、22年4月にその改訂版『新・綱領教室』(同)を刊行しており、綱領の細部の記述に至るまで掌握していよう。従って、党綱領に「自衛隊活用」に関する記述がないことは百も承知のはずだ。それだけに最初から大ウソを言っているとしか思えないが、一体、どういう神経か。国民と世間を欺《あざむ》き愚弄するものだろう。

▽現憲法制定時、9条を「一個の空文」と否定

そもそも同党は現憲法の制定時に、憲法9条について「一個の空文にすぎない」と名指しで大批判し、政党として唯一、党を挙げて現憲法に反対した。当時の国会では、後に同党議長となる野坂参三氏が「侵略された国が自国を護るための戦争は、我々は正しい戦争と言って差し支えないと思う。……戦争一般放棄という形でなしに、侵略戦争の放棄とするのが的確ではないか」(1946年6月28日)と述べ、「自衛戦

争」を認めるべきだと主張。そして、憲法9条に対し「我が国の自衛権を放棄して民族の独立を危うくする危険がある」(同8月24日）と指摘し、「我が党は民族独立のためにこの憲法に反対しなければならない」(同）と力説していたのである。

そのように同党は現憲法制定時には自衛戦争を肯定する立場にあった。当然その裏付けとなる実力組織、自衛力保持はセットのはずだ。しかしその後に日米安保条約（60年締結、70年改定）と自衛隊（54年発足）が現出する事態となった。同党の国会議員秘書だった兵本達吉氏は、「東西冷戦の深まりとともに一九五四年に自衛隊が発足すると、共産党は態度を豹変させて、憲法草案の審議においてむしろ自衛戦争を肯定さえしていたにもかかわらず、この頃から自衛隊を憲法第九条違反の存在としてとらえ、『憲法違反』ということを自衛隊を攻撃する論拠に利用するようになった」（「幻想と批評」第7号）と、同党の「態度の豹変」を指摘する。

なぜか。前述したように、自衛力の必要性を認識しつつも、しかし自衛隊は同党がめざす社会主義革命戦略上、障害になると見なしたからであろう。

だが昨今では、自衛隊違憲・解消をめざす同党が、現下のような情勢に事寄せて、選挙に際し「自衛隊活用」論を打ち出している。恐らくそれは、先に指摘したように、国民に「おや？」と思わせ、現実対応で同党の柔軟性を印象付ける〝国民受け〟を狙ったからであろう。

▽「その時の空気で変幻自在に方針変わる」

同党の対自衛隊政策はそのように、もっぱら自党の革命戦略や選挙戦での打算的動機といった〝党利党略の具〟にする観点が透けて見えるのだ。国の防衛・安全保障上の観点から構想されたとは、どう見ても言い難いのである。同党の政策委員長を務めた筆坂氏は、随所で同党の自衛隊政策・安全保障政策に対し〝支離滅裂〟〝迷走〟と断じ、「その時の空気で変幻自在に方針が変わるのが共産党なのだ。ロシアのウクライナ侵略を見て、またまたこの方針を転換して、自衛隊活用論を恥ずかしげもなく打ち上げただけなのだ。また何かあれば転換するのだろう。こんな政党を信用できるわけがない」(前出「JBpress」)と指摘しているが、全くその通りであろう。また、前出の松竹氏は「……『自衛隊活用』という言葉は使うが、それは政策として位置づけられておらず、国民から見離されないための言い訳のようなものでしかない」(「論座」22年12月26日)と冷ややかに見なしている。

志位氏らは、16年参院選の際の党首討論会や政党討論会の場で、「自衛隊が憲法違反だということは明瞭」としつつ、共産党が政権に参画する場合、「かなりの期間、自衛隊と共存する期間が続く。こういう期間に急迫不正の主権侵害や大規模災害など、必要に迫られた場合には、自衛隊の活用をすることは当然だ」と語り、驚かせた。これに対し公明党をはじめ各党から、また日本記者クラブ主催の討論会の場では記者陣からも、「自衛隊が憲法違反なら、これを運用するというのは、それこそ立憲主義に反する」等々、総批判を浴びた。しかし同党は17年の衆院選に際しても、臆面もなく同様の主張を繰り返し、同党が参加する野党連合政権としての憲法解釈は「自衛隊＝合憲」とする方針を、党として確認している。

▽ご都合主義で身勝手な「当面維持」論

だが、同党は従来、「共産党としては、自民党政府のときには、自衛隊は憲法違反だが、自分が参加した政府ができれば、これは違憲ではない、という態度をとることは、憲法の解釈としても、政党がとるべき態度としてもスジがとおらないことだと考えています」(上田耕一郎・政策委員長、「赤旗」1973年3月29日付)としていた。

その立場から、同党は、旧社会党が、党としては「自衛隊違憲・日米安保条約廃棄」を掲げつつも、公明党との間で結んだ「連合政権についての合意」(80年1月)で、過渡的措置として「日米安保の当面存続、自衛隊の当面維持」を認めたことに対し〝右転落そのもの〟〝反革新への転落〟〝憲法への公然たる違反〟〝解釈改憲論へと百八十度転換〟などと激しく批判した。

しかし今日の同党の立場は、自らが批判した旧社会党と同じ位置に立っているのではないか。今日では、野党連合政権への参加を孤立回避や自党生き残りの欠かせぬ活路とする事情もあるのだろうが、いかにもご都合主義で、身勝手な論理だ。同党は平和安全法制関連法への反対運動を契機として、憲法によって国家権力をしばる立憲主義の重要性を事あるごとに叫び、それを錦の御旗としてきた。そうであるなら、自党に対しても、その立場で自らも律すべきであるが、そうはせず自党の場合を例外視するのは筋が通らない。同党の唱える「立憲主義」そのものの自己矛盾、恣意《しい》的な二重基準といった〝いい加減さ〟をも物語るものであろう。

▽〝共産参加の政府では自衛隊合憲〟立憲主義に反する

この件に対し、例えば中北浩爾・一橋大学教授はこう指摘する。「志位和夫委員長が盛んに唱える自衛隊活用論は、論理的に問題を抱えている。確かに、野党連合政権では、自衛隊違憲論をとれない。だから、『党としては違憲論だが、政府は合憲論をとる』と説明するが、それでは立憲主義に反してしまう」(「毎日」2022年6月3日付)、「……自らが支える野党連合政権が憲法違反であるはずの自衛隊を活用するのは筋が通らず、立憲主義に反するという批判を招く」(『日本共産党』中公新書　22年5月刊)と。

当面の野党連合政権といえば、立憲民主党が中心となるだろうが、その立憲民主は自衛隊合憲・日米安保条約承認・日米同盟基軸の立場だ。従って、中北教授は、こうも指摘する。「共産党が現在、野党連合政権による日米同盟や自衛隊の活用を唱えるのは、他党への譲歩にすぎず、抑止論をはじめ軍事力の役割の承認に基づくものではない。それが野党連合政権構想の外交・安全保障政策がリアリティを欠く大きな原因である」「それ以上に重要なのは、実際の政権運営は静態的ではあり得ないという事実である。とりわけ外交・安全保障政策の場合、日本を取り巻く国際情勢に左右される度合いが高く、単純な現状維持は難しい」「野党連合政権が日米同盟や自衛隊について現状維持までという足枷《あしかせ》をはめられれば、中国の軍拡など変転極まりない国際情勢に対応できなくなる恐れがある」(同)と。

中北教授の言葉にある「現状維持」とは、不破哲三氏が委員長在任当時の1998年に示した、共産党が参加する暫定政権での日米安保や自衛隊に関する各党間の立場や見解の相違を「留保」あるいは「凍結」とする、としていたことに鑑《かんが》み、それは「暫定政権で現状維持まで認めるが、それらの強化は拒否する」(同)との意であるとし、志位共産党もその方針を継承していると見ているのだ。

▽共産参加の連合政権、停滞・頓挫《とんざ》は必至

日本共産党が参加をめざす野党連合政権は、立憲民主党などとは、めざす国家像や社会像で大きな懸隔《けんかく》があり、政策論でも大矛盾が存在する。例えば、中北教授はその一端をこう指摘する。「共産党が野党連合政権のもとで日米安保条約の廃棄や自衛隊の解消を主張し続けることは、深刻な矛盾を生む。野党連合政権を支える立場である以上、在日米軍駐留経費負担（『思いやり予算』）に係る特別協定や防衛二法（防衛省設置法と自衛隊法）の改正に国会で賛成する必要があり、細川内閣での社会党のように与党間の連立合意などを理由にするとしても、自らの主張との整合性を問われるからである」（同）と。

上記はほんの一例であろうが、政権運営の停滞・頓挫の要因は内外政策の随所にあり、いずれ政権が立ち行かなくなることは必至であろう。とりわけ国の基幹政策である安全保障・自衛隊政策での齟齬《そご》は、その象徴例となるのではないか。

同党は、日米安保条約については、日本を戦争に巻き込む重大な危険を持ち、「日本の平和と安全、国民生活の全般的不安の根源となっている」（「赤旗」83年11月19日付）と〝諸悪の根源〟視し、米国については「世界における侵略と反動の主柱」「最大の国際的搾取者」「国際的憲兵」「世界各国人民の共通の敵」（旧綱領）であるとして、何十年にもわたって最大級の不信と非難の言葉を投げつけ、敵対姿勢をとり続けてきた。

だから、かつてはこうも言っていたのである。「日本が安保条約を破棄したからといって、……ソ連や中国など社会主義の国家が日本に侵略をしかけてくるような心配はまったくない。しかし、……アメリカを先頭とする帝国主義陣営から侵略をうける危険は、依然としてのこっている」「ソ連、中国などは、たとえいろいろな問題をかかえてはいても、侵略戦争とは縁のない社会主義の国家である」（「赤旗」68年1月8日付「日本共産党の安全保障政策」）と。旧ソ連や中国などの社会主義陣営＝平和愛好勢力とし、片や米国などの西側陣営＝戦争・侵略勢力とする歪《ゆが》んだイデオロギー図式を見せつけるものだ。もしかして同党は今もこんなイデオロギー的偏見を振り回す病弊《びょうへい》を引きずっているのだろうか。

▽「国民弾圧・違憲・対米従属」の軍隊と自衛隊批判

また、自衛隊については、「反人民的」な「米戦略を補完するための対米従属の軍隊」「国民弾圧の軍隊」、そして「違憲の軍隊」として、在日米軍と共に〝革命の邪魔・障害物〟と断じ、これまた何十年にもわたって敵視・警戒してきた存在なのだ。

恐らく、そうした敵視・警戒・侮蔑《ぶべつ》・拒絶感は意識・無意識的に骨がらみとなって同党の発想と体質に深く染みついていることだろう。従って、同党が参加する野党連合政権において、その共産党的発想と体質、同党が醸《かも》し出す反米・反安保・反自衛隊の雰囲気は政権内に陰に陽に影を落とし、外交・防衛・経済・通商など万般にわたり少なからぬ影響を及ぼすに違いない。

〈月刊「公明」2023年3、4月号から転載、一部加筆〉

Ⅲ・日本共産党流「民主主義と自由」の欺瞞

日本共産党流『民主主義と自由』の欺瞞《ぎまん》

――立花隆氏の「日本共産党の研究」を通じて

「知の巨人」と称される立花隆氏。ジャーナリスト、ノンフィクション作家、評論家として、政治、社会問題、環境問題、医療、科学技術、宇宙、生命の問題や、さらに脳死や臨死体験にまで多岐にわたるテーマを論じ、その多くの著書がベストセラーになっている。

立花氏が世に広く知られるようになったのは、「文藝春秋」(1974年11月号)に「田中角栄研究―その金脈と人脈」の記事を掲載したことが契機だ。同レポートは大きな反響を呼び、田中首相退陣のきっかけを作ったとされる。

その後、立花氏は、「文藝春秋」の1976年1月号から77年12月号までの2年間にわたり、「日本共産党の研究」を連載。それについて、立花氏は、「私の論稿は、党史それ自体を書くことが目的だったのではなく、党史の非神話化の作業を通じて、共産党とはそもそもいかなる組織であるのか、歴史を超えてあるその本質を歴史を通じてながめてみようという試みであった」(単行本あとがき)と記している。

▽共産党が凄《すさ》まじい批判・攻撃浴びせる

そのように、立花論文は、日本共産党の歴史のみならず、同党の本質や体質、組織論、共産主義イデオロギーそのものの問題点などについても鋭く論じており、今日においても日本共産党を知る上で欠かせない書といえる（同論文は、78年に講談社から単行本『日本共産党の研究』として上・下2冊で発刊され、さらに83年に講談社文庫3冊として出版されている。以下、本稿における立花氏の記述引用は断りのない限り同書からとする）。

日本共産党批判の論文や出版物は多々あるが、立花氏の「日本共産党の研究」ほど同党からの凄まじい批判・攻撃を浴びたものはない。日本共産党からすれば、まさに〝禁断の書〟であったのだろう。換言すれば、それだけ同書が共産党にとって不都合千万の書であり、恥部・欠陥が抉《えぐ》り出され、耳の痛い指摘や身を切られるような意見が盛られているということだろう。

実際、立花論文に照らすと、日本共産党の実相をあぶり出して余りある。それと同党が立花氏に対して取った態度を検証すると、同党の唱える「民主主義と自由」の真贋《しんがん》が見極められるというものだ。今回、改めて立花論文に焦点を当てた意味もそこにある。

▽共産党史の隠された〝闇の部分〟暴き出す

立花氏の「日本共産党の研究」について、『日本共産党の戦後秘史』（２００５年に産経新聞出版刊、08年に新潮文庫刊）の著者である共産主義研究家の兵本達吉氏は、同著の中で次のように紹介している。

「立花の論文は、日本共産党の歴史を、党の立場からではなく、独自の批判的な立場から描いたものであったが、豊富な資料を引用しながら日本共産党史の隠された闇の部分を暴き出したために、一般の読者は勿論のこと共産党員を含む左翼の読者にも大きな衝撃を与えた」と。

「闇の部分」の中心を成すのは、その後に同党の委員長を務めた宮本顕治氏が関わった「リンチ査問事件」で、「この事件の研究としてはそれまで公刊された文書のなかでは最も詳しい、筆者の理解では最も優れたものであった（匆論、日本共産党の激しい反発を招いた）」としている。

兵本氏は、日本共産党中央委員会勤務・同党国会議員秘書を務め、後に党の方針に反するとして除名処分された経歴を持つ。後日、立花氏と月刊誌上で対談している（「ＷｉＬＬ」05年8月、10月号）。同対談の中で兵本氏は、立花論文に対し、当時、共産党中央委員会につくられた対策委員会（「第一委員会」）の十人くらい（弁護士も三、四人）のメンバーの一人として反論に奔走したと吐露《とろ》し、「立花さんは黒は黒だと言ってるのに対し、私は黒を白という立場だから、……基本的には立花さんが書いてる通りだ。本当に嫌な十年間だったですよ、立花さんのおかげで（笑）」と述懐している。

立花論文が取り上げた「リンチ査問事件」とは、1933年（昭和8年）、日本共産党中央委員だった宮本顕治らが同じく中央委員だった小畑達夫、大泉兼蔵の2人を「特高警察のスパイ」容疑で監禁・査問し、リンチにかけ、小畑を死に至らしめ死体を遺棄した事件である。このとき、査問の現場に持ち込まれた凶器類は、ピストル、実弾3発、出刃包丁（2丁）、薪割《まきわ》り用斧（2丁）、硫酸瓶、錐《きり》、針金、火鉢、炭団《たどん》、麻縄、細引、目隠し、猿轡《さるぐつわ》などであった。査問、リンチの凄惨《せいさん》さを物語るものであろう。

この事件により宮本らは治安維持法違反、不法監禁、傷害致死、死体遺棄罪等に問われ無期懲役を宣告された。戦後、超法規的措置により釈放・復権された。しかしこの「リンチ査問事件」は戦後の日本共産党の最大のアキレス腱《けん》となり、党内でも長くタブー視されてきた。立花氏はこの事件の真相を豊富な資料を基につぶさに暴露したのだ。国会でも春日一幸・民社党委員長（当時）が衆院本会議で取り上げた。

▽立花氏へ悪質な取材妨害や罵詈《ばり》雑言

日本共産党は、「リンチ査問事件」などを取り上げた立花氏に対し、「文藝春秋」での同連載開始直後の75年12月から、党組織を挙げて大反撃を展開し、「立花レポートは反共デマ宣伝」などと猛反論。この連載期間中はむろん、それ以後も、立花氏に対する悪質な取材妨害や人格攻撃、威嚇《いかく》的な罵詈讒謗《ざんぼう》を浴びせ続けた。もちろん批判に対する反論はあっていい。しかしこの時の日本共産党の対応は、常軌を逸したものであり、「言論の自由」に違背する妨害・抑圧行為だったのだ。

当の立花氏は、この日本共産党の異常な反撃大キャンペーンに対し、連載第1回目が掲載された「文藝春秋」誌発売後2週間余の時点、75年12月内の執筆と思われるが、「週刊文春」（76年1月8・15日合併号）で、『赤旗』の大キャンペーンに反論する」との記事を掲げ、共産党の「途方もない愚行を目のあたり」にし、「怒るよりも唖然《あぜん》」とし、「共産党のために悲しんだ」とし、共産党自身が「デマ宣伝の徒であることを天下にふれまわる結果になる」と、次のように斬って捨てた。

「……私の『日本共産党の研究』に対して、『反共デマ宣伝』呼ばわりしての一大キャンペーンが、このところ連日のように、共産党の組織をあげて全国的に展開されている。『赤旗』は、『文藝春秋』誌の発売と同時に、連日のように紙面を一面丸々つぶすような大論文をかかげ、一般記事、社説、投書欄、はては文化欄までも動員して、『文春反共デマ』攻撃に熱中している。『赤旗』の報ずるところによると、全国各地で、駅頭や繁華街に街頭宣伝隊がくり出し、立看板を立て、宣伝カーやハンドマイクを用いての一大キャンペーンがくり広げられているようである。私はこのヒステリックなキャンペーンが延々とつづくのに、怒るよりもまず唖然とした。次いで、なぜか悲しかった。自分が攻撃されていることがではない。共産党のために悲しんだのである。人の途方もない愚行を目のあたりにすることは、しばしば悲しいものである。共産党は、『文春反共デマ宣伝』キャンペーンをやればやるほど、自分自身がデマ宣伝の徒であることを天下にふれまわる結果になるのだということに気がつかないのだろうか」

「デマをデマと知りつつデマを流す共産党は卑怯だと思う」「私に貼られたレッテルが、論理的に並立不可能な自民党の走狗《そうく》、トロツキスト暴力集団の一味、特高警察の擁護者、日本型ファシズムの推進者であることを知れば、誰しも共産党の支離滅裂ぶりに首をかしげたくなるだろう」

▽「途方もない愚行」を延々続けた共産党

この立花氏の「週刊文春」の反論記事の時点は、前述のように連載第1回目の掲載直後のものだが、共産党側は連載2回目以後も毎度、事前にその掲載内容を把握していたかの如くに、掲載誌発売と同時に、ヒステリックな反論大キャンペーンを繰り広げ、2年間に及んだ同連載終了後も含め、その「途方もない愚行」を延々続けたのだ。

連載開始10カ月ごろの時点であるが、立花氏は伊藤隆・東京大学助教授（当時）と対談した中で、こう語っている。「たしかにあの（共産党の＝引用者注）反論キャンペーンはすさまじかったですね。手持ちのメディアと人間を総動員して物量攻勢でくるからまいりますね……共産党がもっと大きくなって、NHK、大新聞のような巨大メディアを支配するようになったら、カラスをサギといいくるめるくらい簡単だろうなと思いましたよ」（「諸君」76年11月号）と。

立花氏は随所で、日本共産党の批判に対する反論や、同党の悪質な言論妨害・抑圧に対する批判や抗議を綴《つづ》っているが、例えばこうだ。

「……『反共』という薄汚れたイメージのレッテルを相手に貼りつけてしまうと、あとは相手をまともな議論の相手とは見ず、ひたすら、罵詈讒謗、誹謗中傷のたぐいをウンザリするほど浴びせかけてくる。これが共産党のいつもの議論の仕方である。『反共』と同じようなレッテルとして、反党分子、裏切り者、トロツキスト、権力の手先等がある。共産党は、これらのレッテルをいったん貼りつけた相手とは、生産的な議論をいっさい交わそうとはせず、相手を罵倒《ばとう》しつくすことに全精力をかたむける」、あるいは「共産党は人のいうことを歪曲《わいきょく》した上でこれに徹底的な誹謗中傷を加えて攻撃するという習性を持つ集団」と。

さらに、立花氏は「私が共産党に対して加えてきた批判は、すべて民主主義の原理からの批判」としているが、「これに対して共産党は……デマゴギーと中傷をもって応えることしかしなかった。……『反共』のレッテルを貼りつけ、これに威嚇的で声高な誹謗と揶揄《やゆ》と罵倒とを浴びせかけることしかしなかった」と。

▽共産政権下なら「私に何が起きたかわからない」

立花氏が指摘した、この日本共産党のスタイルは今日も何ら変わっていないことは周知の通りだ。

日本共産党は、自らの党史を「40年史」「50年史」……「80年史」といった具合に節目ごとに出しているが、立花氏はそれを「デタラメ党史」と指摘し、「共産党における党の正史は、現指導部の歴史における正統性を証明するための神話的装置としてある。……党史を非神話化しようとするいかなる試みも、その神話の上によって立っている政治的存在者は、これを自分に対する政治的挑戦とみなして、徹底的に弾圧しようとする。……今回の党史の非神話化の過程においてもそれが起きたわけである」とも述べている。

そして、こうも語る。「近代政治史を専攻し反体制運動史を研究していた若い研究者が、私に加えられた共産党の党組織をあげての攻撃を見て、共産党を歴史的な研究対象とすることに恐怖をおぼえたという。私自身も慄然《りつぜん》とした。共産党が国家権力を握った状態の下であれば、私に何が起きたかわからない。共産党の御用学者、御用評論家としてではなく、党史に手をふれようとすると、こうした政治的困難さにぶつからねばならない」と。

立花氏自身も「慄然とした」思いにさせられ、近代政治史を研究する党外の若い研究者が「恐怖をおぼえた」といい、「共産党が国家権力を握った状態の下であれば、私に何が起きたかわからない」と立花氏が語る日本共産党の批判・攻撃の凄まじさは、誰が考えても黒々とした異常事だろう。

▽立花氏を「犬」呼ばわりする人権蹂躙《じゅうりん》行為

また、日本共産党は、同党機関紙「赤旗」で「犬は吠《ほ》えても歴史は進む」との大見出しを掲げ、それをパンフレットにするなど、立花氏を「犬」呼ばわりまでする人権蹂躙を行ったことも知られているが、それだけではない。立花氏はさらに、「我々の取材に対して共産党から組織的になされた、きわめて悪質な取材妨害」との言論妨害・抑圧行為についても生々しく証言している。

「ほんとに信じ難いほどのあの手この手を使う」と、コキ下ろした上で、「問題なのは取材妨害である。取材先に出かけていって、『立花隆という人間がどういう人間か知っているか』と、まず私に関する誹謗中傷をならべたて、次いで、『文春の取材に応じるとどうなるか知っているか』と切り出して、『文春は、名前を伏せるなどの口約束をしても平気でその約束を破り、しょっちゅう裁判沙汰を起こしている。あなた方の名前の場合、明るみに出たら生命の危険にさらされる』などといい、ある所では、スパイに売られて虐殺された同志の子供がまだ生きているとチラといってみたりする。あるいは、『文春の取材記者は社員ではなくルポ・ライターだから無責任に平気でウソをいう』『文春のようなところからは念書を取ってからでなければ取材に応じてはダメだ。何なら私たちの弁護士に相談にのらせよう』こんなことをならべたてるのである。ご苦労なことにはこれらの取材妨害のために、東京から全国に人をやったのだそうである。私もこの道に入ってそう浅くはない経験をつんでいるつもりだが、これほど組織的で悪質な取材妨害にぶつかったのははじめての経験である」とし、「共産党が政権をとると、こういう形での悪がしこい報道機関への取材妨害が広汎におこなわれるようになるのだろうかと、空恐ろしく思っている」と。

▽「立花部屋」に共産党のスパイ送り込む

日本共産党の卑劣・非道ぶりは、それだけではない。当時、文藝春秋社で担当デスクだった花田紀凱氏は、「『文藝春秋』が発売されるとほとんど同時に『赤旗』その他、党の機関紙、誌を総動員して反撃してくる。事前に内容が漏れているとしか思えなかった」とし、「後に取材チームにスパイが潜入していたと判明した」（兵本達吉『日本共産党の戦後秘史』文庫本「解説」）と書いている。限られた取材チームの中に、スパイまで潜入させていたとは驚きだが、そこまでやる日本共産党の恐ろしさを物語って余りある。

花田氏は、その著『編集者！』（ワック）の中で、当時のことについてこう述懐している。

「文藝春秋」誌の「日本共産党の研究」作業をしていた「立花部屋」には、立花氏の下、花田氏や取材記者が常時五、六人など総勢十数人のスタッフがいたが、そのひとりにFさんという三十代半ばの男性がいた。「若いスタッフの多い立花部屋では『部屋頭』といった感じだった」

「このFさんが連載が終わって二年ほどたったある日を境に、何の断りもなく立花部屋（連載終了後も単行本化やその他の仕事のため残っていた）に来なくなった……家に連絡しても要領を得ない」「しばらく後、夫人とも離婚したらしいという噂が伝わって来た」。それから二年が過ぎた頃、「週刊文春」の編集部に戻っていた花田氏宛てに、Fさんから手紙が届いた。「Fさんの手紙には驚くべきことが書かれていたのである」

▽「立花部屋の内情、すべて共産党側に筒抜け」

「……実は、私は日本共産党のスパイでした。スパイとして立花さんの取材班に送り込まれた人間だったのです。取材の進行状況、取材した相手、連載がどう展開していくかなどを探るのが私の役目でした」と。

Fさんは、「立花さんはじめ皆さん、いい方ばかりで、一緒に仕事をするにつれ、心苦しい気持ちが募るばかりで……悩みもしました。辛い、悲しい日々でした。姿を消したあの頃、とうとうそれが限界に達し……自分を偽《いつわ》った生活に耐えられなくなったのです」「辛さの余り酒に溺れ……荒んだ生活……」と綴られ、「党からも身を引きました」と書かれていたという。

花田氏はこう述べている。「生涯にこれほど驚いたことはない。当時の立花部屋の内情が、すべて日本共産党側に筒抜けになっていたとは。あれほど素早く『赤旗』に反論が掲載された謎もこれで解けた。日本共産党と戦うには余りに無防備だった。あらためて当時の日本共産党の怖さ、非人間性を思い知らされた」と。

▽〝いかにデタラメな党か、恐ろしい党か〟

また、花田氏は、こうも綴っている。「今、小林多喜二の『蟹工船』が売れ、日本共産党に入党する若者が増えているのだという。そういう連中は日本共産党の本当の怖さを知らないのである。そういう若い人たちに、この本（『日本共産党の戦後秘史』＝引用者注）を読んで、日本共産党がいかにデタラメな党か、恐ろしい党であるかをわかってほしい」（前掲『日本共産党の戦後秘史』解説）と。

花田氏のみならず、同党外の普通一般の国民は、そこまでやる「日本共産党の怖さ」「非人間性」に慄然とさせられるだろうし、スパイを潜り込ませるなど同党の謀略工作の標的にされるのは「立花部屋」に限ったことではあるまいとの思いを抱かされるであろう。

同党はその後、上記のような立花氏に対して取った言論の自由妨害・人権蹂躙行為に対し、党として「誤りであった」と自己批判し、立花氏に対し国民の前で謝罪したのだろうか。そうした反省行為を行ったとの話は寡聞《かぶん》にして知らない。恐らく何もしていないだろう。それは即、あの行為は正しかったとの立場を今も維持していることを意味する。「無謬《むびゅう》神話」に取りつかれている同党は犯した過ちを認めないことでも知られている。だが、過ちを過ちとして認めないことは、また再び同様の行為を繰り返す恐れがある。

▽独善主義と前衛意識と自己絶対化思想

その一方で、同党に関する以外の一般的問題については、事あるごとに「自由を守れ」と叫び、攻勢をかけ、いかにも「自由の守り手」のように振る舞い続けている。しかし、自党の都合に合わせて二枚舌的、また二重人格同居の態度を取る政党を国民は果たして信用するだろうか。著しい自己矛盾や〝犯した過ち〟を抱えたまま、それに目をつぶり、身の証しも立てずに、「自由の守り手」を演じても、国民からは信用されまい。所詮、ポーズだけの〝擬態〟〝偽装〟との見方をされるのではないか。

ところで、日本共産党の立花氏に対する狂気じみた批判・攻撃・言論抑圧行為は、あの時だけの特殊例外的なものではなく、同党固有の体質から発動されたものだ。いわば同党の〝地金〟を覗《のぞ》かせたものである。同党が立花氏に対する過ちを認めようとしないのも、その体質の故であろう。立花論文で、一貫して指摘していたのも、同党固有の体質問題だ。立花論文に触れて、この件を改めて俎上《そじょう》に載せることは今日的にも意味があろう。

同党の根底にあるのは抜き難い「唯我独尊」思想である。同党は、昔から「いつでも、どこでも、正しいのは日本共産党だけ。他はすべて間違っている」といわんばかりの度し難い独善主義、尊大な「前衛」意識に凝り固まっている。従って、同党以外の他者・他党から一言半句でも批判されたり異を唱えられたりすると、一切聞く耳を持たぬ批判絶対拒否の態度に出て、目玉がつり上がったように逆上し、相手をヒステリックに「反共」呼ばわりしたり、猛《たけ》り狂ったように罵倒し続けることに血道を上げるのが習性となっている。立花氏に対する態度がまさにそうだった。

立花氏は、「共産党に骨の髄までしみついている独善性」「共産党には、社会の構成員のワン・オブ・ゼムという自己認識がまったくない」と指摘しているが、その唯我独尊、独善主義、「前衛」意識をもたらしているのは、同党が奉ずるマルクス・レーニン主義＝科学的社会主義を、あらゆる思想、哲学、主義、主張の中で、「ただしいがゆえに全能で……完全」「全一的な世界観」「人類の歴史がつみあげてきた科学の成果の最高の結晶」（日本共産党中央委員会出版局発行『共産主義読本』）、「実践の試練にたえぬいた客観的真理」「絶対的に正しく動かしえない内容をもって（いる）」「絶対的真理」（日本共産党中央委員会発行「月刊学習」１９６７年９月号）だと断定し、しかも同党は「日本において……真の社会主義（科学的社会主義）を体現している」のは「日本共産党をおいてほかにありません」（日本共産党中央委員会出版部発行『日本共産党１００問１００答』68年版）としている。

▽全人民を「共産主義的人間に改造」方針

その意味するところは事実上、「全能」「完全」「絶対的真理」とするイデオロギーの日本における唯一の「体現者」が日本共産党であるということである。

立花氏も、「共産党は政治の世界にも絶対的真理が存在し、かつ同時に自分たちがその体現者であるという二重の確信から出発する」と指摘する。

同党は、そのように自らを「全能」「完全」「絶対正義」の高みに据えているからであろう。「前衛」を自称しているのも、その表れだ。

すなわち、「日本共産党は、日本の労働者階級の前衛部隊であり、労働者階級のいろいろな組織のなかで最高の階級的組織」「共産党は……労働者階級のもっともすすんだ人びと、つまり……労働者階級のすぐれた階級的資質を集中的にもった政党であり、労働者階級全体と人民にたたかいの方向をしめし、その先頭に立ってたたかい、指導する労働者階級の前衛部隊」（『共産主義読本』）としている。そのように自党を「最高」「もっともすすんだ人びと」「指導する」側に立つと位置付け、同党以外の組織や国民大衆を共産党の下位に置き、同党の指導に服するのが当然であると見ている。その果てが国民大衆を睥睨《へいげい》するように、同党が全国家権力を掌握した暁《あかつき》には「全人民を社会主義的に改造」（『共産主義読本』）、「社会の成員を一層たかい共産主義的人間に改造してゆく」（『日本共産党100問100答』68年版）との〝人間改造〟方針を掲げているのである。

そんな「全能」「完全」「絶対的真理」であるとする唯一思考・神聖不可侵とする立場は、それ以外のいかなる主義主張も、これに劣るとして〝従属的〟に位置付け、従って、前述のように同党に対する異議や批判はすべて〝誤り〟だとする独善に陥り、批判絶対拒否に陥っているのだろう。しかも同党は、「反共主義は共産党の敵であるだけではなく、人民の敵なのです」（『共産主義読本』）と威嚇《いかく》的に宣言している。共産党にとって不都合な言動や批判・反対する者を、「反共主義＝共産党の敵＝人民の敵」との専断的図式で、それこそ自分たちの都合に合わせ恣意《しい》的に勝手気儘《きまま》に判断することは十分ありうる話だ。立花氏に対して取った態度は、まさにその線上からのものだろう。

▽「反共」レッテル貼り、「アカ狩り」と同じ危険

この日本共産党の「反共」レッテル貼りと、それに対する同党のヒステリックに繰り広げる

反「反共」キャンペーンについて、立花氏は、「危険な芽ばえを感じる」とし、こう指摘する。

「『アカ狩り』が危険であると同じように『反共狩り』も危険である。だいたい、一つの政治集団が目玉がつり上がったヒステリー症状の運動を展開しはじめるとろくなことが起きない。その集団が小さければ自暴自棄的なとんでもない行動を起こすし、集団が大きければ、社会全体がそのヒステリー症状にまきこまれる恐れがある。共産党の反『反共』キャンペーンを見ていると、……共産党や共産主義思想に批判的なものには、片端から『反共』『反民主主義』などのレッテルを貼りつけて、それと対決しようとしているようである」と。

そのような構図は、何も日本共産党に限ったことではない。マルクス・レーニン主義に基づく社会主義国家では、異論を唱えたり、反対する人々を、「反人民」「人民の敵」「反革命」「反革命分子」呼ばわりし、片っ端から〝粛清《しゅくせい》〟〝弾圧〟の対象者とし、累々《るいるい》たる犠牲者を出したことは厳たる歴史の事実である。

立花氏は自らが受けた実体験から、また社会主義国家の実際例から、前述のように、「共産党が国家権力を握った状態の下であれば、私に何が起きたかわからない」「共産党が政権をとると……空恐ろしく思っている」と述べているが、それは決して杞憂《きゆう》ではあるまい。また、花田紀凱氏が「日本共産党がいかに……恐ろしい党であるか」と語るのも、同党の卑劣・非道ぶりを目の当たりにしたからである。

▽「共産党の本質的部分は変わらない」

立花論文では、日本共産党について、「表面的変化はあるだろうが、本質的部分は変らないということだ」と指摘している。「表面的変化」とは昨今のスマイル戦術・ソフトムード路線などがその例だろう。

例えば、同党の綱領・規約から用語の〝言い換え〟や削除が行われたことなどは、それに当たるだろう。すなわち、「マルクス・レーニン主義」→「科学的社会主義」、「プロレタリアート独裁」→「プロレタリアート執権」→「労働者階級の権力」（今日ではこれも削除）、そして「社会主義革命」「前衛政党」「査問」といった用語の削除である。いずれも〝物騒な印象を与える〟とか既往の社会主義国と結びついた〝暗いイメージがある〟といったことが理由となっているようだ。

また2004年の綱領改定の際には、日本共産党の「ゆるぎない指導権」を確立するとする、つまり共産党独裁に結びつく「民族民主統一戦線政府」（従来の綱領の立場は同政府が「革命の政府」に転化するとしてきた）の名称を削除し、その任務・役割を継承させつつ「民主連合政府」名に統一した。その説明は「これは『旗を捨てた』のではなく……用語を整理したもの」だとした。すなわち、従来からの概念や性格の本質は何も変えず、ただ「用語を整理」しただけという、表面的取り繕《つくろ》い、見せかけだけの改変にうつつを抜かしてきた。これらは昨今のソフトムード路線を象徴するものだろう。

▽徹底した軍隊的な〝上意下達〟の制度

それと、変わらない「本質的部分」とは、例えば同党の組織原則である「民主集中制」などが挙げられよう。

「民主集中制」とは、「すべての党員は、党の決定を無条件に実行し、個人は組織に、少数は多数に、下級は上級に、全国の党組織は党大会と中央委員会の指導にしたがわなければなりません」（『共産主義読本』）とされ、同党規約にもその旨が明記されてきている。これは日本共産党のみならず、世界中の共産党の共通原則とされてきたものだ。

ちなみに「中国共産党規約（二〇〇二年一一月一四日採決）にも、日本共産党の改定前の規定とほぼ同文の次のような規定がある」と、日本共産党ナンバー4の政策委員長を務めた筆坂秀世氏（05年に離党）が、著書の『日本共産党』（06年刊）で紹介している。社会主義の「兄弟党」としての密接性を物語るが、その規定とはこうだ。

「党員個人は党の組織に服従し、少数は多数に服従し、下級組織は上級組織に服従し、全党のあらゆる組織と全党員は全国代表大会と中央委員会に服従する」

この徹底した軍隊的な〝上位下達〟の制度により、党の決定を批判したり、異論を唱えることとは一切許されず、分派を作ることも厳重に禁止された。民主集中制の帰するところは党中央絶対であり、独裁制のシステムである。

▽「民主集中制」プロ独裁と暴力革命遂行に不可欠

立花氏は民主集中制について、こう指摘する。「民主集中制は、その本質が独裁制であるが故に、日常的な政治システムとしてはまったくいただけないものであるが、革命組織の組織原則としては、きわめて有効なものである。とりわけ、暴力革命をめざす組織としては、また政権奪取後のプロレタリア独裁をめざす組織としては、これ以上に有効な組織原則を見出すことはできないだろう。暴力革命とはとりもなおさず内乱であり、その中で革命組織は軍隊でなければならないからだ。またプロレタリア独裁は、文字どおりの独裁でなければならないからだ」と。

そのように民主集中制は「その二つ（暴力革命とプロレタリア独裁＝引用者注）を遂行する

ための組織原則」であり、「この組織原則こそ、共産党の体質は創立以来変っていないというときの〝体質〟の根幹をなすもの」「共産党という組織の背骨」としている。

あるいは、「前衛エリート主義、独善性、秘密主義、指導部絶対性、一枚岩主義などなどを特徴とする共産党の体質とそれを形成している共産党の組織原則＝民主集中制である」とし、従って、「もし共産党が、真に暴力革命路線を捨て、独裁路線を捨て、前衛エリート主義をやめて、平和的、民主的、大衆の多数派獲得」の路線でいくというなら、「民主集中制という組織原則を変え、組織の体質を根本的に変えていかねばならないだろう」とし、「そうでないかぎり」いくら日本共産党が平和的・民主的路線への転換を唱えても「百パーセント額面どおりに受けとることはできない」とした。

そして立花氏は、こう指摘した。「共産党がプロレタリア独裁論をほんとに捨てて、複数政党、政権交代を認める議会主義でいくのだということをほんとに信じてもらいたいならば、現在の自分たちが唯一歴史法則によって選ばれたものとする前衛エリート主義を捨てて、『共産党だけが』『真の』『最高の』階級組織あるいは国民組織であるといった意識を捨て、ワン・オブ・ゼム意識へ切りかえる意識革命が必要だろう。この意識革命なしに共産党が政権を取れば、その時点で共産党は、意識革命が必要なのは国民の側だといい出して、実質的な独裁制へ向かって邁進《まいしん》するだろうことは疑いないからである。党規約や綱領のことばづらをいくら変えても、党員の意識と党の体質が変らないかぎり、何も変ったことにはならない」と。

▽欧州各国共産党、軒並み放棄し解散・出直し

立花論文でこうした指摘がなされた十数年

後、世界の社会主義陣営において、民主集中制は「党の統一を守るのには役立ったが、一方で党内民主主義を抑圧・破壊する」組織原則であるとして、イタリア共産党が１９８９年に放棄、スペイン共産党が91年に、フランス共産党が94年に放棄した。その後、90年代のソ連・東欧の社会主義崩壊、そして土台となるマルクス・レーニン主義それ自体の破綻《はたん》・破産が明らかになったことにより、欧州各国の共産党と東欧9カ国の共産党は軒並み解党、崩壊、あるいは解散して新規出直しの道をたどったのだ。

今日この「民主集中制」を堅持しているのは現存している四つの社会主義国（中国、北朝鮮、ベトナム、キューバ）の共産党と、ポルトガル共産党、それに日本共産党だけである。日本共産党は、２０２０年1月の第28回党大会でも、同党規約にその堅持を明記している。同党にとっては、立花氏が指摘しているように、まさに「絶対不可侵の原則」となっているのであり、同党がまぎれもない独裁志向の「革命」政党であることを明示しているのだ。つまり、民主集中制堅持という「〝体質〟の根幹」「共産党という組織の背骨」「政治的独裁の制度的保障」が変わっていないのだから、日本共産党の「前衛エリート主義、独善性、秘密主義、指導部絶対性、一枚岩主義」や、その裏返しとしての批判絶対拒否体質も変わらないのは当然である。

また「暴力革命とプロレタリア独裁」を志向していることも従来と同様だろう。現に暴力革命路線についていえば、例えば20年2月13日の衆院本会議で安倍晋三首相（当時）が日本維新の会所属議員の質問に答え、「現在もいわゆる『敵の出方論』に立った暴力革命の方針に変更はないと認識している」と答弁している通りだ。

21年3月9日に閣議決定された、日本維新の会所属議員の質問主意書に対する菅義偉首相名の政府答弁書でも、その旨が確認されている し、今日の立憲民主党の前身である民主党政権時代においても、日本共産党の暴力革命の方針を警戒する姿勢は一貫しているのだ。

▽現憲法下の民主主義「エセ」「反動的」と

そのような「民主集中制」堅持の同党である故に、立花氏に対し謝罪行為を行うことなど、むろんあり得ない話だ。否、それだけではなく、日本共産党がもし政治権力を握ることになれば、その下での「民主主義と自由」がどのようになるかは自明であろう。現行の日本国憲法下のような十全に保障されたものではなく、既存の社会主義国で見られたような、共産党政治への批判や異論を許さない、極めて限定的で、制限された、カッコつきのものでしかあり得ないだろう。

そもそも日本共産党の基本は現行憲法下の民主主義を「ブルジョア民主主義」として否定し、それとは全く異質で正反対的な「プロレタリア民主主義」(＝人民民主主義)をめざすというものだ。マルクス・レーニン主義の公式では、ブルジョア民主主義は「徹頭徹尾偽善的で、いつわりの民主主義」「富者だけのための、……切りちぢめられた、片輪な、にせものの、民主主義」(レーニン『国家と革命』)としている。そうした民主主義観の上に立つ日本共産党では、例えばこう言明している。

「〝民主〟や〝自由〟の外被をかぶった民主共和制であっても、資本主義の国家の本質が資本家階級の支配の機関であり、ブルジョア独裁の道具であることにちがいありません」(『共産主義読本』)、「それ(自由民主主義＝引用者注)は、けっして人民の利益にもとづく民主主義ではなく、独占資本の利益を擁護するエセ民主主義であり、反動的思想です」(日本共産党中央委員会出版部発行『憲法闘争と日本共産党』）と。そして、「ブルジョアジーの階級支配に都合よくできている古い国家機構を根本的に変革して、プロレタリア民主主義に適した新しい国家機構をつくりだすことが重要です。こうしてブルジョア民主主義にかわって、プロレタリア民主主義をかちとることができます」（『共産主義読本』）と訴えている。プロレタリア民主主義とはプロレタリア独裁とイコールの関係にある。

▽現憲法や議会制度に対し、「原則的には否定」「当面利用」の二面性

日本共産党は、現行憲法、その下の議会制度についても、「原則的には否定」であるが、当面は革命の条件を有利に作り出すために利用する「当面は利用」という二つの立場を持っている。レーニンの教示の「議会を破壊するために議会を利用する」戦術などはよく知られているが、そのように現行憲法や議会制度を先行き〝破壊〟することを目標としつつ、当面は戦術的に〝利用するだけ利用する〟というのは真の擁護とは違う。

そんな利用戦術の一環であろうか、同党とその関係諸団体、および同党周辺の世界には、やたら「民主」「民主的」「民主主義」あるいは「自由」という言葉が氾濫している。また、社会主義や同党に関する以外の一般的問題については、事あるごとに「自由を守れ」と叫び、攻勢をかけている。そうすることで、あたかも「自由の守り手」「民主主義と自由」の擁護勢力であるかのような印象を振りまいている。

その様は、同党結党時の「綱領草案」（1922年）の打ち出しスタイルを連想させる。同綱領草案について日本共産党は、「マルクス・レーニン主義を日本の情勢に適用し、日本の革命運動の方向と目標をしめした日本共産党の最初の綱

領的文書として、大きな歴史的意義をもつもの」(『日本共産党の五十年』、以下『50年史』)と高く評価している。その内容は君主制の廃止、十八歳以上の男女の普通選挙権、労働者の団結・出版・集会・ストライキの自由などを要求していることから、「綱領草案は……一貫した政治的民主主義の要求を明確にかかげた。これは、日本共産党が、自由民権運動以来の革命的民主主義的伝統の正しい継承者であり、党創立の最初から、真に人民主権にたった民主政治をめざしていたことをしめすものである」(『50年史』)と絶賛していた。

その自画自賛の基調は今日でも一貫しており、20年1月の第28回党大会で採択された綱領でも、こう明記した。

「党は、日本国民を無権利状態においてきた天皇制の専制支配を倒し、主権在民、国民の自由と人権をかちとるためにたたかった。……党は、ロシア革命と中国革命にたいする日本帝国主義の干渉戦争、中国にたいする侵略戦争に反対し、世界とアジアの平和のためにたたかった。……他のすべての政党が侵略と戦争、反動の流れに合流するなかで、日本共産党が平和と民主主義の旗を掲げて不屈にたたかい続けたことは、日本の平和と民主主義の事業にとって不滅の意義をもった」と。

▽民主的スローガン、勢力結集への〝毛バリ〟

しかし、同『50年史』は、その綱領草案に関連している箇所、一連の民主主義的スローガンの直前に書かれている箇所、「民主主義的スローガンは、日本共産党にとっては、天皇の政府とたたかうための一時的な手段にすぎないのであって、この闘争の過程で当面直接の任務——現存の政治体制の廃止——が達成されるやいなや、無条件に放棄されるべきものである」との下りには何も触れていない。

立花氏は「いちばん大事なところを落としている」と指摘する。そして、こう続ける。「要するに、共産党が政権を握ったらすぐに捨ててしまうことに決めておいたスローガンをならべておいて、これが、党創立当初から、真の民主政治をめざしていたことを示すものだ、というのが、共産党の論法である」と。

ではなぜ、そんな一時的な見せかけのスローガンを掲げたのかといえば、同綱領草案の前段にこう書かれている。「日本共産党は、ブルジョア民主主義の敵であるにもかかわらず、過渡的スローガンとして、天皇の政府の転覆と君主制の廃止というスローガンを採用し、また普通選挙権の実施を要求してたたかわなければならない。党がそうしなければならないのは、日本の革命運動の現在の発展段階にあって利用できる勢力を最大限に結集し、これらの勢力にたいする指導権を自分の手に確保し、……日本プロレタリアートのソビエト権力をめざす将来の闘争への道を切りひらくためである」と。

つまり、一連の民主主義的スローガンは革命運動に「利用できる勢力を最大限に結集し」、かつ「これらの勢力にたいする指導権を自分の手に確保し」、革命闘争への「道を切りひらくため」の〝毛バリ〟〝小道具〟にすぎないということだ。国民大衆を騙《だま》し欺《あざむ》く〝羊頭狗肉《ようとうくにく》〟〝戦略的偽装〟そのものだ。

そのことは、これまでにも公明党はじめ多くの論者が指摘していることだ。にもかかわらず日本共産党はそうした指摘に耳を貸さず、目をつぶり、その一方で都合のいい部分、国民受けする事柄については『50年史』のように大きく宣伝・誇示するといった態度を取り続けている。そうした欺瞞性、不誠実性、あざとさが、同党外から問題視されているのだ。

▽過去の徹底総括と自己批判示さぬ限りは…

立花氏は、「私がいいたいのは、こういうことだ」とし、こう続ける。

「共産党が過去の党史における理論と路線の変貌の過程をちゃんとあとづけ、それに正直で適切な評価と批判をくだし、いかにして現在の路線をとるにいたったかを示さないかぎり、共産党の最近の急激な路線転換を、額面どおりに受けとるわけにはいかないということである。例えば、この綱領草案にしても、公認党史では都合のいい民主主義的部分だけを示して、『綱領草案にしめされたこれらの方針は、他の諸政党と根本的にことなる、日本共産党のもっとも重要な革命的伝統となった』と総括している。するど、この綱領草案の前文の部分も知っている人は、そうか、この草案が『もっとも重要な革命的伝統』となっているなら、いまの一連のソフト路線も、『共産党の旗の下に最大限度の勢力を集中し、その勢力の指導権を握』るためにやっているのであって、『党の当面の直接的任務が完成されるや否や、直ちに放棄されるべきもの』なんだなとかんぐりたくなるわけである」と。

そして、立花氏は、こう指摘する。「プロレタリア独裁のロシア型革命をめざしていた戦前の共産党は、民主主義のスローガンをかかげていたとはいえ、決して民主主義の子ではなかった。政治的自由抜きの民主社会はなく、かつ、権力者への政治的反対者に対する自由なしには政治的自由は意味を失う。この意味での政治的自由は、プロレタリア独裁下の社会にはないからである。政治的独裁とは、やってる本人はいくら善意のつもりでも、全体主義であることに変りはない」と。

日本共産党では、立花氏が挙げた『50年史』

だけでなく、『80年史』でも、同党について「主権在民の民主政治の実現と侵略戦争反対の平和の旗をかかげて誕生しました」という書き出しで始まり、結党時の「綱領草案」などを自画自賛、そして「日本共産党が、天皇絶対の専制政治下にあって、反戦・平和と主権在民の民主主義の立場を明確にかかげたことは、二十世紀の世界史の本流にたつものとして、日本と国民の歴史にとって、かけがえのない値打ちをもちました」などと天まで持ち上げている。

そもそも同綱領草案には、どこを探しても「主権在民」という言葉は見当たらない。同党が結党に当たってめざしたのは、主権在民の民主政治ではなく、今日われわれが普通の日本語として使っている意味での民主主義を「ブルジョア民主主義」と否定し、それと正反対の立場に立つスターリン流の〝プロレタリア民主主義〟〝人民民主主義〟であった。

▽羊頭狗肉だった「反戦平和闘争」

それと同様に、日本共産党が「侵略戦争反対の平和の旗をかかげて誕生した」というのも事実を偽《いつわ》る大ウソである。

すなわち、同党の「三二年テーゼ」（「日本における情勢と日本共産党の任務にかんするテーゼ」）には、「帝国主義戦争反対。帝国主義戦争の内乱への転化」とのスローガンが掲げられ、さらに「革命的階級は……ただ自国政府の敗北を願いうるばかりである。政府軍隊の敗北は、日本における天皇制政府を弱め、支配階級にたいする内乱を容易にする」と述べている。つまり、日本の「敗北を願い」、そして国内に「内乱」を起こし、それを「ブルジョア＝地主的天皇制の転覆。労働者農民のソビエト政府の樹立」との「革命」目的達成につなげるとするものである。これは字義通りの反戦平和とは違う。とりわけ国内で同胞が相戦うことになる内乱の悲惨さは想像を絶するが、その内乱を煽動《せんどう》し、「革命」すなわちクーデターをめざすとしているのに、それを〝平和の旗をかかげ〟などと偽るのは国民を著しく欺くものである。悪質極まりない大ウソである。

また、同「三二年テーゼ」には、「革命的情勢の存在する時……労働者農民の武装、プロレタリア赤衛軍の創設」であるとか、「鉄道、汽船、および軍事工業においてストライキを遂行するために全力をつくさねばならぬ。大衆行動と革命的反戦行動は、次から次へとますます広範に展開されねばならぬ。そのさいゼネラル・ストライキの宣言とその武装蜂起への転化がめざさるべきである」との「赤衛軍の創設」「武装蜂起」方針も示されているのだ。

立花氏は、そんな共産党の「反戦闘争」の戦術についても、「『武器を取ることを拒否せよ』とか、兵役拒否、戦争ボイコットといった平和主義者、社会民主主義者などの小ブル的反戦闘争に反対する。共産主義者はすすんで戦争に参加し、武器の使用に習熟し、戦争を内乱に転化する準備をととのえなければならない」としていることや、「共産党は普通の意味での反戦、平和を叫ぶものに徹底的に敵対した……とりわけ社会民主主義者に対しては、これを社会ファシストと名付け、実は戦争勢力であり、帝国主義の協力者であるとして規定して、徹底的に攻撃した」として、「共産党の『反戦闘争』が、一般に意味される反戦闘争とは対極的なところに自らを位置づけていた」「共産党に必要なのは自己批判であって、自慢ではない」と糾《ただ》している。

▽「共産独特の意味あい」の自由と民主主義

そして、立花論文では、こう指摘する。「共産党の用いる『自由』とか『民主主義』ということばが、一般の用法とは違う意味で用いられているのと同じように、共産党の『反戦平和』もまた、一般の用法とはかなり意味がちがう。共産党が行なったのは、あくまで共産党独得の意味あいでの『反戦平和』闘争であって、一般的意味における反戦平和闘争ではない。共産党が自分たちの『反戦平和』闘争のコンテクストについての説明抜きで、意味論的錯覚の利用の上に自分たちがあたかも平和の使徒であったかのごとき自己宣伝を展開することは、羊頭を懸《かか》げて狗肉を売るに類する行為といってよいだろう」と。

それと先に紹介した立花氏の言葉、すなわち「共産党が過去の党史における理論と路線の変貌の過程をちゃんとあとづけ、それに正直で適切な評価と批判をくだし、いかにして現在の路線をとるにいたったかを示さないかぎり」としていたが、それをせず、逆に戦前の同党がめざしていたプロレタリア独裁型の「民主主義」「自由」や「反戦平和」などの概念を盛大に自画自賛するのは、今日の同党が打ち出すものは戦前に共産党が唱えた概念と同内容と見られても仕方あるまい。

というより、同党は党内的には、例えば民主主義制度の核心を成す議会制度について、こう言明する。「ブルジョア国会と綱領でいう国会との関係は、『国会』という用語はひきつがれていますが、両者の本質はまったくちがったものです」(下司順吉・日本共産党中央委員会幹部会委員、「議会と自治体」67年9月号巻頭論文)、「現在の国会を、革命の勝利のためにどう活用するかという問題と、革命が勝利したのちにつくりあげられる人民の民主主義国家体制のなかでの国会の問題とは、混同することのできない二つの問題である。わが党綱領は、革命後につくられるべき人民権力の国家形態を、名実ともに国会を国の最高機関とする人民共和国と規定しているが、この国会が、現在の国会と同じものではありえないことは、いうまでもない」(日本共産党の重要文献で準綱領的文書とされた「極左日和見主義者の中傷と挑発」)と。

その意味からも、立花氏が言う「共産党の用いる『自由』とか『民主主義』ということばが、一般の用法とは違う意味で用いられている」「共産党独得の意味あい」「意味論的錯覚の利用」といった同党流の巧妙な用語技法に乗せられないよう注意喚起すべきだろう。

実際、同党の綱領や文書には「民主主義革命」「民主主義的変革」「民主的改革」が力説・強調されている。だが、その内容はというと、日米安保条約廃棄であり、現憲法の「平和的民主的諸条項の完全実施」、すなわち自衛隊解体であり、また同党が過去に行った武装蜂起・軍事闘争などの暴力革命路線を契機に作られた「破壊活動防止法」(破防法)の廃止や、デモ・集会の事前届出や許可制をうたう公安条例、警察官職務執行法(警職法)など一連の治安関係法令の廃棄、公安調査庁など治安関係機関の縮小・廃止、警察制度の「民主化」、官公労のスト権奪還、政治ゼネストの合法化などを指していよう。また、〝最大の悪玉〟と見なす大企業に対し税制面や行政指導、監視の強化など「民主的規制」という規制強化を迫っていくだろう。

それらは、同党にとって「日本の真の独立の確保と政治・経済・社会の民主主義的な改革の実現」(党綱領)ということであり、同党がめざす次のステップである「社会主義的変革」に限りなく近づくということだ。つまり、端的に言えば、共産党がめざす「革命」の邪魔になる存在や機関、法律をなくして〝革命の足場〟を築くということである。現に同党の61年綱領には「わが国の当面の革命(民主主義革命＝引用者

注）はそれ自体社会主義的変革への移行の基礎をきりひらく任務をもつものであり……それは、独立と民主主義の任務を中心とする革命から連続的に社会主義革命に発展する必然性をもっている」と規定されている。「社会主義革命への移行の基礎をつくる前奏曲」「序曲的な段階」（宮本顕治『日本革命の展望』）とされているのだ。

▽現行憲法下の民主主義とは全く別物

それは民主主義という言葉の響きは同じでも、現行憲法下における民主主義とは全く別物である。めざす方向性も正反対的だ。同党の言う「自由」や「反戦平和」も同様である。公明党が日本共産党に発した「憲法三原理論争」（公明党機関紙局発行『日本共産党批判』『続・日本共産党批判』所収）でも、そのことを同党に提起した。立花氏の「日本共産党の研究」は本稿でその一端を引用紹介したように、普通の一般的な国民目線に立って「民主主義と自由」「反戦平和」に関しても同党の抱える矛盾や欺瞞、問題点を糾し、疑念や疑問点などを正面から問いかけた書として、今日でも強いインパクトを及ぼし続けている。

立花氏は文庫版あとがきの中で、こう記している。「本書は……歴史書ではない。歴史を分析しながら共産党という組織の本質を衝《っ》こうとしている。……本書の価値も、共産党の本質が変らないかぎり変らないといえるだろう」と。

〈月刊「公明」2021年6、7月号から転載〉

日本共産党の党員除名問題と民主集中制

――異論許さぬ軍隊的な〝鉄の規律〟。「非民主的」特異体質を露呈

日本共産党が2023年2月、党改革を主張した元党本部職員を「重大な規律違反」として除名した問題は、民主集中制という異論や反対意見を許さぬ〝鉄の規律〟を組織原則とする同党の異質さをまざまざと見せつけた。

除名されたのは、同党政策委員会所属時には安保外交部長も務めたジャーナリストの松竹伸幸氏。同年1月に出版した『シン・日本共産党宣言』(文春新書)や記者会見で、党首公選制の実施や、日米安保条約堅持と自衛隊合憲を党の基本政策にすることなどを訴えたところ、こうした言動が党規約の「党内に派閥・分派はつくらない」「党の決定に反する意見を、勝手に発表することはしない」などの「規定を踏みにじる重大な規律違反」とされ、2月6日に同党の処分で最も重い「除名」が確定した。

これに対し、松竹氏は同日の日本記者クラブでの会見で「憲法で保障された言論、表現の自由が、共産党には認められていないに等しい」「出版が分派活動で処分されるなら憲法の言論、表現の自由は死ぬ。こんなことを進める共産党だって滅びかねない」と猛反発。理不尽といえる同党の対応に、各メディアや識者、他党から疑問や批判の声が一斉に上がった。

同党機関紙「赤旗」にも登場する思想家の内田樹《たつる》氏は自身のツイッターで「組織改革を提

言したら、いきなり『除名』処分というのは共産党への評価を傷つけることになる」（2月6日）と発信。「党に透明性がないと証明したわけだが、主張が正しかったと批判したようなもの」（「東京」2月8日付）と語った。映画監督の想田和弘氏もツイッターで「党首公選制を公の場で主張しただけで党を除名されるのであれば、日本共産党は民主的組織とは言えない。……非民主的な組織に民主的な社会を作れるはずがない」（2月6日）とつぶやいた。

▽「言論の自由奪う恐ろしい政党」との批判も

自民党の茂木敏充幹事長は「我が党ではいきなり除名処分ということはあまりない」と発言し、日本維新の会の松井一郎前代表は「党のために問題提起したのに、除名されるというのは民主主義じゃない」「言論の自由を奪うおそろしい政党」と批判。国民民主党の玉木雄一郎代表は「民主主義の政党ではなく全体主義の政党と思われても致し方ない」と切り捨てた（「読売」2月7日付など）。

日本共産党は「異論を持ったから除名ではない。突然、党規約および党綱領に対する攻撃を行ったことに対する処分だ」（小池晃書記局長、2月6日の会見）と説明するが、世間的には理解されず、新聞各紙は社説で「一方的に断罪するようなやり方は、異論を許さぬ強権体質としか映るまい」（「朝日」2月8日付）、「組織の論理にこだわるあまり、異論を封じる閉鎖的な体質を印象付けてしまったのではないか」（「毎日」2月10日付）、「党員からの問題提起を直ちに『攻撃』と捉える姿勢に、私たちは強い違和感を覚えずにはいられない」（「西日本」2月16日付）などと酷評した。

これに対し、同党は党幹部の会見や「赤旗」紙上で激烈に反論。志位和夫委員長は「朝日」

社説が掲載された翌日（2月9日）の会見で「党の自主的・自律的な運営に対する乱暴な介入であり、干渉であり、攻撃だ」「大手メディアが、どこどこの党の運営は『非民主的』だと勝手に決めて、外からバンバンたたくようなことをやりだしてごらんなさい。『結社の自由』は危うくされてしまう」「朝日に指図《さしず》されるいわれはない」などと激高した。

▽メディアの指摘も〝卑劣な反共攻撃〟と耳貸さず

同党はメディアによる一連の指摘を「卑劣な反共キャンペーン」と決め付けるが、「組織内の問題だとしても、政治に一定の影響力を持つ公党の在り方にメディアが関心を寄せるのは当然だろう。その批判や指摘を自主性への侵害と切り捨てるだけでよいのか」（「信濃毎日」2月23日付「社説」）などと指摘され、その独善的な姿勢に対し「外部からの異論さえ許さぬ排他的な党体質が露《あら》わになった」（「産経」2月14日付「主張」）と断じられた。

同党は、23年1月に『志位和夫委員長への手紙』（かもがわ出版）を出版した〝党歴60年の古参党員〟鈴木元《はじめ》氏も、同様の理由で同年3月15日に除名処分を決めた（翌16日に党中央委員会が承認して処分が確定した）。

今回の除名騒動で、あらためて注目されているのが、同党の組織原則である「民主集中制」だ。これは「党の決定は、無条件に実行しなくてはならない。個人は組織に、少数は多数に、下級は上級に、全国の党組織は、党大会と中央委員会にしたがわなくてはならない」とする軍隊的な上意下達の規律であり、以前の党規約には、この通り明記されていた。

現規約（2000年11月24日改定）には、「党の意思決定は、民主的な議論をつくし、最終的には多数決で決める」「決定されたことは、みんなどその実行にあたる」などが「基本」と書かれているが、従来の「マルクス・レーニン主義」を「科学的社会主義」に言い換えたのと同様に、概念や性格はそのままにして、単に表現を改めたにすぎない。

松竹氏と同じく、以前に同党を除名された兵本達吉氏（元同党中央委員会勤務、国会議員秘書）は「日本共産党では、党の支部が横の支部と意見の交換をすることを禁止している。党支部と党支部が連絡を取って意見を交換すれば、それは『分派行動』として最も厳しい制裁を受ける」とし、その理由について「横と横が連絡を取り合って、指導部を批判したり、場合によっては指導部を転覆しようとしたりするのを防ぐためである」（『日本共産党の戦後秘史』）と解説する。

これも民主集中制の強面《こわもて》の厳格さを物語る一面である。

▽民主集中制は共産党の「体質の〝根幹〟」

日本共産党の本質や体質を鋭く論じた「日本共産党の研究」を月刊誌（「文藝春秋」１９７６年1月号〜77年12月号）で連載した立花隆氏は、民主集中制（＝民主主義的中央集権制）について、次のように分析している（引用は83年刊の文庫本から）。

「民主主義的中央集権制は、あくまでも民主主義的な中央集権制なのであって、中央集権的な民主主義制というわけではない」「民主主義と中央集権制という水と油の要素を後者の優位の上に組立てたものである。中央集権制のほうは、個人は組織に、下級は上級に無条件に従うということで、いわば軍隊のようなもの」「民主主義の部分は、中央集権の部分にくらべていかにも弱い。……党中央に反対の意見を持っていても、それを自分の属する細胞（支部＝引用者

注）外にまで直接アッピールすることはできない。……党内の問題を党外に持ちだすことも厳重に禁じられている」と。

さらに続けて、「ある人が党中央に反対の意見を持ち、その意見を全党にアッピールできれば、党中央の決定をくつがえすことができるかもしれないという場合でも、その人がそうした動きをしたとたん規律違反で処分され、党から追い出されてしまう」とある。この立花氏の40年以上も前の指摘が、そのまま今日の現実になっていることは、同党の硬直ぶりを示すものだろう。

▽除名の言い分まで立花氏の指摘通り

ちなみに、立花氏は、こうも言い当てている。「反対派追い出しが象徴する党内言論の自由の圧殺に関して、共産党中央がその説明に必ず用いる詭《き》弁《べん》は、『彼らが追い出されたのは反対意見を述べたからではない。反対意見を述べる自由は党内で保障されている。彼らが除名されたのは、すべて反党行為、分派活動などの規律違反を犯したからだ』というものである」と。今回の除名問題に対する志位氏らの言い分がその指摘通りであることには、ア然とするばかりだ。

立花氏は民主集中制の「本質」について、こう指摘する。「民主集中制は、その本質が独裁制であるが故に……革命組織の組織原則としては、きわめて有効なものである。とりわけ、暴力革命をめざす組織としては……これ以上に有効な組織原則を見出すことはできないだろう。暴力革命とはとりもなおさず内乱であり、その中で革命組織は軍隊でなければならないからだ」と。そして、「この組織原則こそ、共産党の体質は創立以来変っていないというときの〝体質〟の根幹をなすもの」「共産党という組織の背骨」、あるいは「前衛エリート主義、独善性、秘密主義、指導部絶対性、一枚岩主義などなどを特徴とする共産党の体質とそれを形成している共産党の組織原則＝民主集中制である。共産党の最終的アイデンティティがここに認められる」と。

今日、この民主集中制を堅持しているのは、中国、北朝鮮、ベトナム、キューバの共産党・労働党以外では、ポルトガル共産党と日本共産党だけである。

同党は民主集中制について、しきりに『異論排除』や『上意下達』とは無縁」（「赤旗」２０２３年2月17日付）と言い繕《つくろ》っているが、「支配勢力の攻撃をはねのけて社会変革を進める革命政党にとっては、とりわけ重要な原則」（「赤旗」22年8月24日付）とも強調しており、共産党を共産党たらしめる「〝体質〟の根幹」は、昔も今も何ら変わっていないということだろう。

▽共産政権下なら「裏切者」扱いで過酷な立場に

今回の除名騒動を巡っては、「共産党が政権を担った場合、『言論の自由』は同党が容認した範囲内でしか許されないと判断せざるを得ない」（「産経」23年2月14日付「主張」）との指摘もなされたが、立花氏は前出の連載「日本共産党の研究」を執筆している時期に、同党から常軌を逸した「党組織をあげての攻撃」を受け、「共産党が国家権力を握った状態の下であれば、私に何が起きたかわからない」（単行本あとがき）と述懐していた。

松竹氏も同様に、もし共産党政権下だったならば「反党分子」「裏切り者」として、「除名」以上の過酷な立場に立たされたのかもしれない。同党が民主集中制を堅持する限り、こうした懸念が消えることはないだろう。

〈月刊「公明」２０２３年5月号から転載〉

Ⅳ. 改ざん・歪曲のデタラメ党史

日本共産党100年、変わらぬ本質

——出自、独善体質、無謬《むびゅう》主義など異質さ浮き彫り

日本共産党が2022年、創立100年を迎えることから、同党に対する党外からの声がメディアを賑わしている。

日本共産党の結成は1922年7月15日とされ、当時は非合法、非公然の秘密結社として活動を開始。同年11月に共産主義インターナショナル（コミンテルン）に参加を認められ、世界革命をめざしたソ連の下、その指導と支援、巨額な金銭的援助を受け、「コミンテルン日本支部　日本共産党」として誕生した。

2022年2月に始まったロシアによるウクライナ侵略を受け、同党は「ロシア＝共産主義？　まったくの誤解です」（「赤旗」22年5、6月号外）などとロシアとの関係性を否定するのに躍起だが、「共産党自体がソ連や、ソ連で独裁を敷いたスターリンを絶賛していた」（「産経」同3月21日付）ことは周知の事実で、結党以来、数十年にわたりソ連に盲従してきたのだ。

中北浩爾・一橋大学教授は、こう指摘する。

「日本共産党は今日まで100年間、目指してきた『革命』を起こせなかった。ロシアや中国などでの『革命』は、自由や人権の抑圧をはじめ巨大な惨禍《さんか》を生んできた。日本共産党は『先進資本主義国の我々は違う』と考えているようだ。しかし、日本を含めて先進国では、共産主義に基づく『革命』は起きていない。その気配

すらない。この事実を直視する必要がある」（「毎日」同6月3日付）と。

今日、「人類の『社会主義』という壮大な実験は、大きな犠牲を残して完全な失敗に終わった」（兵本達吉『日本共産党の戦後秘史』）とする見方は既に常識的となっていよう。「大きな犠牲」の最たる例は死屍《しし》累々《るいるい》たる犠牲者の数だ。世界に衝撃を与えた、フランスの研究者らの書『共産主義黒書』（1997年刊）によれば、ソ連、中国、北朝鮮などにおける犠牲者数は約1億人にも達するという。多くは「反革命」「人民の敵」などの罪名を被《かぶ》せられた無辜《むこ》の人たちであり、「20世紀最大の悲劇」と見なされている。

そして、90年前後に起きたソ連・東欧の相次ぐ社会主義国崩壊はマルクス・レーニン主義イデオロギーの破綻《はたん》・破産を物語って余りあった。

中北氏が日本共産党に対して向けた「直視する必要がある」との言葉は、同党が奉ずる共産主義イデオロギーの是非や党路線の見直しにも及ぶ本質的・本格的対応を指すのではないだろうか。しかし、同党がやってきたことといえば、例えばマルクス・レーニン主義を「科学的社会主義」と呼び換えたり、「前衛」や「社会主義革命」といった言葉だけを党綱領から削除するといった、いかにもその場しのぎの小手先対応に終始してきた。欧州各国の共産党のように共産主義イデオロギーの放棄や党名変更といった解党的出直しとはほど遠く、目先だけの、目くらまし的な一種のごまかし戦術であろう。

今回、日本共産党に対し改めて党外から指摘されているのは、「誤りを認めない政党」（ジャーナリストの池上彰氏、「朝日」22年4月9日付）や「なし崩しで過去をなかったことにする」（元日本共産党系出版社員の有田芳生参院議員、「毎日」同6月3日付）といった同党特有の独善主義、党史までも平気でねじ曲げる虚偽体質だ。例えば池上氏が言及した事例は、同党がかつて繰り広げた暴力的破壊活動である。

日本共産党は1951年、「暴力革命唯一論」に立った「51年綱領」と、「われわれは、武装の準備と行動を開始しなければならない」とする「軍事方針」を決定。全国各地で火炎びん闘争はじめ、警察官殺害や騒乱事件などの暴力的破壊活動を展開し、日本社会を震撼《しんかん》させた。この暴力革命路線について、同党はその後〝分派がやった〟〝正規の方針ではなかった〟などと強弁しているが、そんな言い逃れが通用するはずはなく、池上氏は「『わが党は常に正しい』というのはもうやめることです」と直言している。「100年前を原点とするならば、武装闘争も含む『負』の歴史も直視する姿勢があってしかるべきだ」(「産経」22年3月22日付)との指摘は当たり前だ。

一方、有田氏が言及したのは、自身も体験させられた「査問」。「査問」といえば、後に同党の最高権力者となる宮本顕治氏が関わった「リンチ査問事件」(1933年)が知られるが、その凄惨《せいさん》・苛烈《かれつ》な精神的・肉体的抑圧行為は同党内に多々あることが伝えられている。有田氏は「72年に『新日和見主義』なるレッテルを貼られ、『分派活動をした』として査問された人は100人、党を排除された人は600人……『冤罪《えんざい》』も多いようだ」と指摘する。「共産党は今も査問の存在すら認めない」(有田氏)が、党の組織原則として異論や反対論を許さない「民主集中制」を堅持し、党中央絶対体制を敷いているところに、その陰湿な「査問」の悲劇を生んでいよう。また、有田氏はこんな話も紹介している。党籍を残したままフリージャーナリストをしていた90年、党外識者からの『日本共産党への手紙』を編集した際、同党の上田耕一郎・元副委員長に「事前に相談して、『いい企画だ』と言われた」にもかかわらず、同書が「赤旗」で批判されると一転、「上田さんは『だから（出版を）やめろと言っただろう！』」と前言を覆《くつがえ》したという。党中央の方針が全てという同党の体質を物語る一例だ。

「民主集中制」に関しては、ロシアの侵略を受けたウクライナに対し、日本政府が防弾チョッキなどの自衛隊物資を供与すると決めた際、同党の田村智子政策委員長が「反対しない」意向を示したのに、その翌日に「賛成できない」と見解を翻《ひるがえ》したことを通し、「党幹部でさえ自由な発言が許されない―。これは共産主義の象徴である『民主集中制』の端的な例だ」（「産経」22年3月22日付）と指摘された。同党特有のこの〝鉄の規律〟は同党が現在、熱心に進める野党共闘の障害にもなっているようだ。

中島岳志・東京工業大学教授は「党外の多くの人たちから理解を得られないのが、『民主集中制』というシステム」とし、「一枚岩的な党運営は、中央集権的で統制的と見なされ、『共産党のアキレス腱《けん》』となってきた。党内民主主義が機能していないならば、権力を奪取したときに、独裁体制に転換してしまうのではないかという疑念を持たれてきたのだ。議会においても、議員個人の判断は許されない。議員歳費は党が管理し、立候補も党の指名に従う。この体制と体質が、他党との連携を難しくしてきた」（「毎日」同6月11日付）と指摘する。先の池上氏も「異論を受け付けないところへの懸念や反発はあるのでしょう」と見ている。

▽野党共闘を阻む最大の障害は共産党自身

前出の中北浩爾教授は22年5月に『日本共産党』（中公新書）を上梓した。副題は「『革命』を夢見た100年」。中北氏は「過去から現在に至る日本共産党の一つの全体像を提示することを目指す」「史資料やデータに基づく客観的な分析を心掛ける」（同書「はじめに」）としており、同党を知るための時宜を得た書である。作家の佐藤優氏は「日本共産党を震撼させる本が出た」「実証主義的政治学のアプローチで党の暗部を抉《えぐ》り出している」（「産経」22年6月12日付）と紹介している。

中北氏は同書の中で「政治学者の間にも、日本共産党を分析することへの一種のタブーが存在してきた。……学問的とはいえない批判を受けたり、イデオロギー対立に巻き込まれたりすることへの懸念がなかったとはいえない」と指摘するが、同党外からの日本共産党論は激しい批判、攻撃を浴びせられてきた例が少なくない。「知の巨人」と称された立花隆氏が「文藝春秋」に連載した「日本共産党の研究」（1976年1月号～77年12月号）が最たる例だ。無謬主義・批判絶対拒否に凝り固まっている同党の特異体質を表すものであろう。

この中北氏の書に対してはどうだろうか。「週刊文春」（22年6月9日号）によれば、日本共産党は同書の「しんぶん赤旗」への広告掲載を拒否したという。出版元の中公関係者には「本を読んだ共産党員から『うちも変わらなければならない』との感想が寄せられている」（同「週刊文春」）というから、同党が目くじらを立てるような、いわゆる〝反共本〟ではない。それなのに広告掲載すら認めないのは、なぜか。同週刊誌記事には「外からの批判や助言を受け入れぬ狭量さが大きい」とか、共産党関係者の言葉として「志位氏の『結論が党の考えと違う』との意向が背景にある」「党名維持や共産主義の継続が志位氏の考え。特に終章が許せなかった……」とある。では、その「終章」部分には何が書かれているのか。

主題は野党共闘・野党連合政権問題だ。日本共産党は現在、そこに党の活路と存在意義を賭けているが、同党が掲げる日米安保条約廃棄と自衛隊解消の外交安保政策は他の野党と相容れず、国の基本政策での「野合」批判を免れない。日本が急迫不正の侵害を受けた時には憲法違反の存在と見なす自衛隊を「活用する」との身勝手な論理も、各方面から〝ご都合主義〟と批判された。即ち同党自身が野党共闘の最大の障害となっているのだ。

中北氏は自衛隊活用論の矛盾を、こう指摘する。「野党連合政権では、自衛隊違憲論をとれない。だから、『党としては違憲論だが、政府は合憲論をとる』と説明するが、それでは立憲主義に反してしまう。結局、現状のままでは、野党連合政権の樹立は難しいということだ」（「毎日」22年6月3日付）と。あるいは日本共産党が参加する野党連合政権において、同党の主張により「日米同盟や自衛隊について現状維持までという足枷《あしかせ》をはめられれば、中国の軍拡など変転極まりない国際情勢に対応できなくなる恐れがある」（『日本共産党』）と危惧を示す。

中北氏は、野党連合政権樹立には同党の「共産主義からの抜本的な路線転換」が不可避とし、二つの選択肢①イタリア共産党のような社会民主主義への移行②ドイツの左翼党など欧州の主要な急進左派政党のような民主的社会主義への移行――を提案している。しかし、この提案について佐藤優氏は「日本共産党にとっては受け入れることのできない処方箋だ」「いずれの処方箋においても、日本共産党は民主集中制という組織原則を放棄しなくてはならない。この原則を放棄すると、共産党は瞬時に解体してしまう」（「産経」22年6月12日付）と指摘する。

結党100年を迎えて、日本共産党は何を打ち出すのか、注視したい。

〈月刊「公明」2022年8月号から転載、一部加筆〉

露骨な党史の改ざん・歪曲《わいきょく》の日本共産党

――〝武装蜂起・軍事闘争〟の事実までも偽《いつわ》る無節操な虚偽体質

▽コミンテルン（国際共産党）の一支部として誕生

日本共産党は1922年7月15日、設立されたとしており、2022年、結党100年を迎える。当時は非合法、非公然の秘密結社として活動していた事情もあり、党設立日については異説もあるようだ。1922年11月に共産主義インターナショナル（コミンテルン）に参加が認められ、ここに「コミンテルン日本支部　日本共産党」として正式に発足した。コミンテルンは、17年にロシア革命を成功させたレーニンがロシア革命をモデルとして世界革命をめざす国際的連帯組織として19年に結成した。その指導と支援、巨額の金銭的援助を受けて同党はスタートした。

その実態は、「コミンテルン全体が一つの党であり、各国の党はコミンテルンの支部となり、自主性はまったく失われた」「コミンテルンに加入しようとする組織は、まず民主集中制の原則を承認し、コミンテルン執行委員会の決議は無条件に実行することを約束しなければならなかった。党の規約、綱領、指導部の人事にいたるまで、コミンテルンの承認を得なければならなかった」「コミンテルンは、いってみれば、世界六十数ヵ国に支店を持ち、……かつ本社の権限がめっぽう強いワールド・エンタプライズのごときものであった」（立花隆『日本共産党の研究』）と。

▽〝兄弟党・同志〟として中ソへ盲従時代も

コミンテルンはその後、「実質的にはソ連共産党国際部のごとき地位に転落してしまう」（立花隆・前掲書）のである。そんな経緯からも、日本共産党は出発当時、いわば外国勢力の〝出先機関〟的な因子を宿し、「これは、戦前ばかりか、戦後の日本共産党の根本的な性格を規定するもの」（兵本達吉「幻想と批評」第5号）と指摘されるように、その出自に絡む因縁が同党のその後に様々に影を落とすのだ。

２０２１年に結党１００年を迎えた中国共産党は、同様にコミンテルンの一支部として発足し、日本共産党とは文字通りマルクス・レーニン主義の〝兄弟党〟〝同志〟の関係だった。日本共産党は〝本社〟筋に当たるソ連共産党や、革命を成功させた〝兄貴〟分の中国共産党と密接、蜜月の関係を続けた。「戦前のコミンテルン時代は、民主集中制の世界党の一支部であるから、完全な服従が要求されていたし、戦後、独立の党となっても、コミンテルン時代の意識から、長らく抜けきれなかったのである」（立花隆・前掲書）と指摘されるところだ。

日本共産党が自主独立路線を確立するのは、党内の親ソ派を１９６４年に除名し、66年に毛沢東の中国と対立関係に入り、同年の第10回党大会で外国人党員の排除を決定し、67年に党内中国派と決別してからとされる。

戦前のコミンテルン盲従時代は、「その活動の全体を『ソ連邦の擁護』と『支那革命の支援』に費やしていたといっても過言ではない」（兵本達吉・前掲論文）とされるが、戦後も同党の旧ソ連・中国への盲従ぶりの事例は多々ある。例えば、51年から53年ごろにかけて、日本社会を震撼《しんかん》せしめた、同党によるあの武装蜂起・軍事闘争の暴力的破壊活動も中ソの指示に基づくものであった。

▽中ソの核実験を「断固支持」「正しい」と

また、ソ連や中国の核実験に対し「断固支持する」「正しい」などと全面擁護し、まるでアメリカの核は〝汚い核・汚い死の灰〟、ソ連や中国の核は〝きれいな核・きれいな死の灰〟だといわんばかりに叫び散らし、世間の物笑いになったこともそうだ。

その歪《ゆが》んだイデオロギー的立場を大衆運動の中に持ち込み、「平和の敵はアメリカ帝国主義。友と敵を区別せよ」「いかなる国の核実験にも反対ということは、帝国主義と社会主義、戦争勢力と平和勢力とを無差別に同列視するような誤りを含み、日本の原水禁運動の正しい発展を阻害し、真の敵を不明確にする」とする主張をゴリ押しして、日本の平和運動や原水爆禁止運動を大混乱させ、分裂させたこともそうだ。

あるいは、現ロシア（旧ソ連）が不法占拠している北方領土の問題についても、米英ソ三国首脳のみの密約であり秘密協定であるために国際法上の根拠がなく無効であることが明らかになっているヤルタ協定を論拠に、「南千島は、……北千島、南樺太とともにソ連に引き渡されたもの」とか「ハボマイ、シコタンの返還を要求するという問題は……不当で危険きわまる内容を持ったもの」「日本がソ連にたいして『北方領土』返還を要求する法的根拠はなんら存在しません」と、まるでソ連の手先のような、売国的主張をしていた時期もあったのだ。

国際問題についても、例えば56年に起きたハンガリー動乱であるが、国民が自由を求めて反乱を起こし、当時のハンガリーのナジ政権が国民に譲歩して、ワルシャワ条約機構（ソ連を盟主とする東欧諸国からなる軍事同盟）からの離脱と中立宣言をしたことに対し、ソ連は軍事介入して動乱を鎮圧、ナジ首相を逮捕・処刑した。この流血による鎮圧で数千人が死亡し、約20万人が亡命したといわれるが、日本共産党は動乱発生当時、ソ連の軍事介入を全面的に支持した。また、50年から53年の朝鮮戦争についても、これは中ソの後押しを受けた北朝鮮による南侵によって引き起こされたものだが、同党は長期間、一貫して、〝アメリカ帝国主義による侵略〟と決め付けていた。これらは社会主義を「善」「正義」とするイデオロギー的偏重や、社会主義の〝兄弟党〟としてソ連や中国に〝忖度・阿《おもね》り〟をして評価を誤ったのだろう。

▽「都合の悪い歴史には蓋《ふた》」、負の歴史山ほど

さて2022年、結党100年を迎える日本共産党は過去に、40年史、45年史、50年史、60年史、70年史、80年史と、節目ごとに党史を発表しているが、今回も100年史を編纂《へんさん》することになるのだろうか。編纂するとしたら、どんな内容になるのか注目されるが、過去の例にならい、今日の同党に不利益と目される事実を隠《いん》蔽《ぺい》したり、歴史の偽造・歪曲といった、党史改ざん、党歴詐称を恥じることなくまた重ねるのだろうか。

同党中央委員会勤務・国会議員秘書の経歴を持つ兵本達吉氏は、その著『日本共産党の戦後秘史』（産経新聞出版、新潮文庫）で、こう指摘する。「過去何度も出された党史で、常に触れられない部分がある……日本共産党のブラックホール、闇に閉ざされた部分である。……交番に火炎びんを投げ込んだり、警察官を殺害したり、水滸伝の山賊よろしく、『山村工作隊』と称して山に立て籠《こも》ったり、漁師の船をかっぱらって『人民艦隊』と称したり、地主を襲って金品

を強奪したり、『トラック部隊』と称して、会社財産の盗奪をはかったり、要するに、共産党の非合法活動の時代、テロと暴力革命に専念していた犯罪的愚行の時代のことである。党にとっては、これは書くわけにはいかないものである。だから、党史からオミットしてあるのである。オミットしているだけではない。白を黒、サギをカラス、白猫を黒猫というふうに、事実をあべこべに、逆さまに描き出して、党史を改《かい》竄《ざん》している」と。

また、かつて同党の「ナンバー4」と呼ばれた筆坂秀世・元参院議員（元常任幹部会委員、書記局長代行、政策委員長）は、共産党は「都合の悪い歴史には蓋をする」とし、「共産党の言うことだけを聞いていると自画自賛のオンパレードで、本当の歴史など知りようもない。多くの党員ですら知らない負の歴史が、共産党には山ほどある。例えば、暴力革命だ」「憲法もしかりで……現憲法制定時に、政党として反対したのは共産党だけであった。天皇条項にも、9条にも、二院制にも反対していた。だが、いまはこんなことは一切語らず、護憲の立場を説明するのである」（『日本共産党の最新レトリック』産経新聞出版）と糾《ただ》している。

▽党の正史は「デタラメ党史」（立花隆氏）

また、同党の主に戦前史を正面から取り上げた立花隆氏は、こう衝《つ》いている。「共産党にとっては、党史は歴史ではなくあまりにもアクチュアルな政治的問題である。共産党における党の正史は、現指導部の歴史における正統性を証明するための神話的装置としてある」（前掲書）と。その意味で、立花氏は同党の発表する党史を「デタラメ党史」（同）と呼び、「党史を非神話化しようとするいかなる試みも、その神話の上によって立っている政治的存在者は、これを自分に対する政治的挑戦とみなして、徹底的に弾圧しようとする」（同）と指摘。同党の「党史の非神話化」作業に取り組んだ立花氏に対し、党を挙げて常軌を逸した凄《すさ》まじい批判攻撃を加えたことは周知のとおりである（その異常ぶりは、本ブックレット所収「日本共産党流『民主主義と自由』の欺瞞《ぎまん》」【74ジペー】で紹介）。

さて、兵本氏の言う「白を黒、サギをカラス、白猫を黒猫というふうに、事実をあべこべに、逆さまに描き出して、党史を改竄」、また立花氏の言う「神話的装置」の一典型が、昨今の日本共産党が盛んに行っているデマ宣伝だ。それは「暴力革命の党」という負のイメージを払拭《ふっしょく》しようと、それこそ「事実をあべこべに、逆さまに描き出して」、一貫して暴力と無縁の「平和革命をめざす党」なる虚像をでっち上げ、事実のすり替えに狂奔していることである。同党戦後史の大ウソの一典型だ。

例えば、同党の志位和夫委員長が21年8月に行った党創立99周年記念講演会での発言がそうだし、それと同一内容の同党機関紙誌の報道や同党幹部・議員らの判を押したような発言もそうだ。21年衆院選の際には全国配布の「しんぶん赤旗」の号外チラシでも訴えた。いわく「日本共産党は、『暴力主義的破壊活動』の方針なるものを、党の正規の方針として持ったり、実行したりしたことは、ただの一度もない」との鉄面皮ぶりや、また「党が分裂した時期に、分裂した一方の側に誤った方針・行動があった」「分派がやった」という強弁だ。それらはウソ・偽り、事実の歪曲が幾重にもある。

▽暴力革命論の「51年綱領」は正規の方針

歴史の事実は、日本共産党が１９５１年（昭和26年）に「暴力革命唯一論」に立った「51年綱領」と、同綱領を実践するための具体策として

「われわれは、武装の準備と行動を開始しなければならない」とする軍事方針を決定。党組織に統一司令部や軍事委員会を設け、「中核自衛隊」「山村工作隊」などの軍事組織を結成して、武装蜂起・軍事闘争に突入。53年ごろにかけて、全国各地で火炎びんを投げ、交番襲撃、警察官殺害、騒乱事件などの暴力的破壊活動を展開して、日本社会を根底から震撼せしめた。その犯罪的愚行の数々は法廷で厳しく裁かれ、判決として認定されている。また、49年の衆院選で同党は約300万票を集め35議席を獲得していたが、52年の衆院選では国民から鉄槌を下され、同党候補は全員落選、議席はゼロとなった。また、この一連の暴力的破壊活動が契機となって「破壊活動防止法」（破防法）が52年7月に施行され、同党は同法に基づく調査対象団体に指定され、今日に至っているのだ。

同党が〝党の正規の方針〟であった「51年綱領」に基づいて暴力的破壊活動を展開したことは、世間周知の〝消すことのできない歴史的事実〟だ。そのことは「51年綱領」を決定した第5回全国協議会（5全協）を「ともかくも一本化された党の会議であった」（58年の第7回党大会で採択された中央委員会の政治報告）としており、つまり党の正式な会議であり、ここで決定された軍事方針は共産党の〝正規の方針〟であるとして、以後30年以上にわたって、そう見なされてきた。そのことを示す根拠は同党内の随所にある。

例えば、55年7月の6全協での決議は「新しい綱領（51年綱領＝引用者注）が採用されてからのちに起ったいろいろのできごとと、党の経験は、綱領にしめされているすべての規定が、完全に正しいことを実際に証明している」と明記していた。その6全協直後の55年8月の演説会で宮本顕治氏は「あのかがやかしい新綱領

（51年綱領＝同）」「この新綱領がしめした道がまったく正しかった」「この綱領は今回の決議のみちびきの星」（「アカハタ」55年8月19日付）と述べるなど、同党の正規の方針としての「51年綱領」を高々と持ち上げ、全面評価していた。

その宮本氏だが、同党が分裂状態にあったときの一方の側「国際派」を率いていた人物であり、今日、同党が「分派」と指弾する志田書記長・野坂参三氏らの側「所感派」とは対抗関係にあった。後に同党の実権を握り、党書記長・委員長に就いた。その宮本氏は、「51年綱領」について、第7回党大会でも、「一つの重要な歴史的な役割を果たした」「一定の積極的な歴史的意義をもった」と高評価していた。従って、当然の措置として、62年に出版された日本共産党中央委員会編・同出版局発行の『日本共産党綱領集』にも、「51年綱領」は歴とした党の正規の綱領、正規の方針として収録されている。

▽後日に「綱領」を〝文書〟に格下げの小細工

ところが、その後に、同党が犯した、この暴力的破壊活動の事実をごまかし、まるでなかったかのように否定視する屁理屈として打ち出したのが、「分派がやった」という責任逃れ論と、もう一つは「51年綱領」それ自体を、そもそも〝正規の方針ではなかった〟と歪曲し、偽る、小細工である。例えば、上記の『日本共産党綱領集』発行から30数年も経ってから突如、「51年綱領」について、「『綱領』とよぶのは正しくない」「『五一年文書』などの用語を用いるのが適切」（「赤旗」93年6月25日付）とし、一片の「文書」に格下げしたのがそうだ。以後ずっとそれが党内で踏襲されている。

同党では、この党内手続き――それも党大会での議を経てのものではなく、一常任幹部会委員名の「赤旗」2面報道によるものだが、「51年綱領」を「文書」に格下げしたことにより、あの一連の軍事闘争・暴力的破壊活動は、もう「党の正規の方針」に基づくものではない、そしてさらに論理飛躍して志位委員長が言うような『暴力主義的破壊活動』の方針なるものを、党の正規の方針として持ったり、実行したりしたことは、ただの一度もない」と強弁する根拠付けともなっているようだ。姑息に過ぎる形式論理としか言いようがないが、過去の事実に対する恣意《しい》的かつ一方的な否定・書き換えは、誰の目にも明白な歴史の改ざん・歴史の歪曲そのものである。

この件に関し、筆坂秀世氏は、こう批判する。すなわち、「51年綱領」を、同党が現在、「五一年文書」と格下げして呼称していることに対し、「しかし、文書本体は『綱領』と明記されているだけでなく、当時、多くの党員がこの綱領に基づいて活動してきた」「農村部でのゲリラ戦など、中国革命方式の武装闘争を行うことを規定しているのだ。……ソ連共産党やスターリン、中国革命に成功した毛沢東らの意向に簡単に屈し、言いなりになっていたのが日本共産党の当時の実態であったということができる。日本共産党は、この誤りは徳田・野坂分派が行ったものであり、日本共産党はその後継ぎではない、などと開き直っている。だが野坂は、この後も党の中枢に座り続け、火炎瓶闘争などに走った少なくない党員が、その後も日本共産党員としての活動を継続していた。これをなかったことにして、現在の共産党と無縁などという態度をとることは、それこそ歴史の改ざんである」(『日本共産党と中韓』ワニブックスPLUS新書)と。

筆坂氏はまた、こうも指摘している。「まぎれもなく暴力革命を掲げていた」とし、前書記局長の山下芳生氏や小池晃書記局長が「一度も暴力革命という方針を決めたことはない」と否定し、小池氏が「だいたい、志位さんとか、私の顔を見てほしい。暴力革命の党に見えますか？ 極めて平和的な人間だ」などと弁明していることに対し、「無知であるが故にこういうことを平然と言えるのか、知っていて嘘を平気で言っているのか分からないが」とし、「『私や志位さんの顔を見てほしい』などというのは、有権者を小馬鹿にしているとしか思えない。政党の正体を党員の顔を見て判断しろ、などというのは無責任の極みであり、まったく誠実さに欠ける発言である」と。さらにまた、「実際にこの方針に基づいて火炎瓶闘争などを行った。『暴力革命という方針を決めたことは一度もない』などという鉄面皮なことをよく言えるものである」と断って捨てている（前掲『日本共産党の最新レトリック』）。

また、文字通り同党最高幹部を務めた不破哲三前議長と不破氏の実兄の上田耕一郎元副委員長の共著『マルクス主義と現代イデオロギー』には、こう記されている。「日本共産党のあの時期の極左冒険主義」、つまり当時の武装闘争について、「たんに常識はずれの『一場の悪夢』としてすまされることのできない、一国の共産党が全組織をあげ、約二年間にわたって国民にさし示した責任のある歴史的行動であった」と。

上記の筆坂氏の言葉や、「一国の共産党が全組織をあげ」「国民にさし示した責任のある歴史的行動」との認識は、昨今の同党が責任回避のために繰り出す詭弁《きべん》「一方の側がやった」「分派がやった」「『51年綱領』は正規のものにあらず」といった論拠を突き崩すものだろう。

▽「分派がやった」責任逃れの無責任論

また、当時の日本共産党は、前述のように、主流派だった徳田書記長側（所感派）と、後に実権を握る非主流派の宮本顕治氏らの側（国際派）に分かれていたが、武装闘争をやったのは所感派だというのが今日の共産党の謳《うた》い文句になっている。それについて、兵本氏の著『日本共産党の戦後秘史』によれば、「徳田主流派と宮本国際派の力関係は、一般党員レベルでは九対一、専従活動家レベルでは、精々七対三くらいで『分派』はむしろ宮本の方であった」、徳田主流派が「多数派を占めていたことは間違いない」と指摘する。

兵本氏はその上で、こう譬《たと》える。「『……分裂していた一方の側がやったことで、現在の我々の与《あずか》り知らぬことである』といって責任を回避する。これは全く通用しない議論である。ある会社が罪や不法行為を犯す。そして社長が退任する。そこで次の社長になった者が、『あれは前の社長がやったことであり、しかも自分は前の社長とは仲が悪かった。だから、我が社は責任を取ることができない』と主張しても、世間では全く通用しないであろう」と。当たり前の話だ。もし当該企業が日本共産党ばりの詭弁を弄したら、それは恥知らずな無責任行為として強い批判に晒《さら》され、信用・信頼を失墜し、恐らくその社会的存在基盤も失いかねないほどの窮《きゅう》状《じょう》に陥ろう。

それに宮本氏が率いていた「国際派」であるが、そのゆえんはこうだ。それはコミンフォルムが1950年1月にその機関紙に「日本の情勢について」との論文を発表。ここで徳田、野坂氏らが考えている平和革命論は幻想であると厳しく批判。武装革命、暴力革命を行えと煽《あお》った。これに対し、その当時の主流派であった徳田、野坂氏らはコミンフォルムの指示は日本の実情を理解していないゆえの間違いだとする論文「『日本の情勢について』に関する所感」を発表して、コミンフォルムの指示には従わないとの意思を示した。その論文タイトルから「所感派」と呼ばれた。一方、その所感派と対立していて、「占領下の平和革命なんてたしかに幻想だ。コミンフォルムの指示に従うべきだ」と主張したのが宮本氏らで、彼らは「国際派」と呼ばれた（池上彰・佐藤優『真説　日本左翼史』講談社現代新書）。

　その宮本氏は、当時こう主張していたのだ。

「……ロシア革命のばあいを歴史的に類推して、日本革命の『平和的発展の可能性』を提起することは、根本的な誤りとなる。したがって、議会を通じての政権獲得の理論も、同じ誤りであることは論をまたない」（「前衛」50年5月号）と。つまり、「平和革命論」を否定し、「武装闘争論」を公然と唱えていたのだ。宮本氏ら国際派は、その立場から、所感派を「日和見主義」と批判していた。

　徳田、野坂氏らはその後、中国共産党からも平和革命論を批判されたこともあって、自己批判し、先の「所感」を取り下げ、平和革命論を放棄して武装闘争方針へ舵をきることとなった。

▽宮本氏らも同罪、「最も責任を負うべき一人」

　こうした経緯からも、兵本氏は前掲書で、こう指摘する。「宮本を中心にした国際派は、後日『極左冒険主義』として総括される武装闘争路線を一度も批判したことがなかったどころか、主流派を『日和見主義』と批判することで心理的に『極左冒険主義』の方向へと追い込んでいったのであった。……『極左冒険主義』は『徳田・野坂分派』が勝手に推し進めたのではない。宮本ら国際派は、暴力革命路線の押し付けであったコミンフォルムの日本共産党批判に乗じて所感派に揺さぶりをかけ、コミンフォルムの『干渉』に水門を開いた。したがって、『武装闘争』路線の採用については宮本らにも、徳田・野坂主流派と全く同等の責任があり、同罪である。考え方によれば、それ以上かもしれない」「武装蜂起に最も責任を負うべき人間の一人は、宮本だと考えている」と。

兵本氏のこの指摘に照らせば、今日、日本共産党が強弁する「分派がやった」「一方の側がやった」とする恥知らずな言い逃れ論の底が割れ、その欺瞞ぶりが一層明らかとなろう。

▽「議会通じる平和革命方式」を散々否定

黒々とこびり付いた「暴力革命の党」という負のイメージを払拭したいとの思惑から、露骨に事実をねじ曲げ、歪曲し、それこそ「黒を白とする」ウソ・偽りをつくことになったのであろうが、しかし、一度ウソ・偽りをすると、辻《つじ》褄《つま》合わせ的に、玉突きのように、次々それを重ねるようになるものだ。日本共産党の場合、それが、「どんな場合でも、平和的・合法的に社会変革の事業を進めるというのが日本共産党の一貫した立場」「議会で多数を得ての平和的変革こそ日本共産党の一貫した立場」なるウソ・偽りである。

同党は従来、「議会主義」「議会で多数を得ての平和革命」「革命の平和的移行唯一論」を散々否定してきたはずだ。現綱領（2020年1月制定）の土台となっているのは、俗に「宮本綱領」と呼ばれる同党の「61年綱領」。それに関し、04年の綱領改定の際、不破哲三議長（当時）は「61年綱領」について、その路線の「正確さ、的確さ」を大評価し、その「基本を引き継ぐ」とし、現綱領でもそれは踏襲されている。その「61年綱領」採択の過程で、宮本書記長（当時）らは革命の平和的移行（平和革命）をめざすことを定式化すべきとの党内一部の意見を頑強に拒否し、ついに平和革命を党綱領に明記しなかった。

その「61年綱領」を基本として、同党内ではずっと「平和革命唯一論」を否定する論議が当然視されていた。例えばこうだ。「……国会で安定した過半数をしめるという過程をとおらないで革命にのぞむ可能性もあるということを見のがしてはいません」(下司順吉・中央委員会幹部会委員、日本共産党中央委員会発行「議会と自治体」1967年9月号)、「けっして……議会で多数をしめさえすれば革命が達成されるとかいう『議会主義』の立場にたっていないことはあきらかです」(日本共産党中央委員会発行「月刊学習」66年12月号)、さらに「(平和革命必然論に対し)ただ平和革命一本槍の、丸腰の、おめでたい戦略」(袴田里見・副委員長、「前衛」61年3月号)との嘲笑《ちょうしょう》などなどだ。

あるいは、マルクス・レーニン主義者の一部から、同党が「『議会主義』路線に転落した」などと批判されたことに対しては、憤然として「綱領の作成の過程において『平和革命必然論』をとなえた春日庄次郎、内藤知周らの反党修正主義者らといかにたたかったかを、故意に黙殺して、わが党の路線を『議会を通じる平和革命論』であるなどと強弁することは、まさに『ペテン師』的やり方である」(「議会と自治体」67年12月号)、「わが党の綱領が平和革命論だと中傷しています。だが、これはわらうべきことです」(「議会と自治体」67年9月号)などと大反論している。そして、「日本共産党は革命の平和的実現をただ一つの道として絶対視してはいません。革命の発展が別の形態、すなわち非平和的な形態をとる可能性があることも十分考慮にいれています」(日本共産党中央委員会出版部発行『日本共産党100問100答』68年版)との方針を公然とさせてきたのだ。

▽旧社会党の「平和革命論」を大批判

そのような立場から、同党は、旧社会党の「議会を通じての平和革命移行論」を散々批判・攻撃してきたのだ。例えば、「(社会党は)革命路線でも『暴力や武力を用いず、民主主義的な方式で、議会に絶対多数を占めることによって遂行する』(綱領)という『議会主義』の立場をとり、革命の根本である国家権力の問題を回避した日和見主義、改良主義の方針をとっています」(『日本共産党100問100答』68年版)、「(社会党の革命路線は)もっぱら『議会を通じての平和革命方式』というあからさまな『平和移行必然論』と『議会主義』の立場にたち、革命の根本問題である国家権力の問題をまったく回避した日和見主義、改良主義の方針をとっている」(日本共産党の重要論文「現代修正主義者の社会民主主義政党論」)などと罵倒《ばとう》。

また、不破哲三前議長は、「日本社会党の綱領的路線の問題点」と題する論文で、社会党の議会を通じての「平和革命方式」を組上《そじょう》に載せ、「社会党の『革命』路線の小ブルジョア的、日和見主義的性格を、もっともあからさまな形で露呈したもの」「日和見主義的『楽観主義』の議論で……解放闘争の方法を誤らせるもの」「無邪気な議論で……自分の主観的願望を科学的分析にかえた主観主義の議論」「まったくの空理空論」(「前衛」68年1月臨時増刊号)と、とことんコキ下ろしている。あるいは、上田耕一郎・元副委員長は、こう述べている。「日本共産党綱領は……社会党のような無条件の平和的移行論とちがった『敵の出方』論の見地にしっかりと立っています」(「赤旗」日曜版79年8月5日付)と。

それと戦前のことではあるが、同党の綱領的文書の「三二年テーゼ」では、「帝国主義戦争の内乱への転化」「革命的情勢の存在する時……全国にわたり広範に、労働者農民兵士ソビエトを樹立すること……警官、憲兵、陸海軍の士官の武装解除、労働者農民の武装、プロレタリア赤衛軍の創設……のために闘争すること」「鉄道、汽船、および軍事工業においてストライキを遂行するために全力をつくさねばならぬ。……そのさいゼネラル・ストライキの宣言とその武装蜂起への転化がめざさるべきである」という武装蜂起・軍事闘争方針を掲げて活動してきたのだ。

こうした動かしがたい事実を前にしながら、それでも同党は自らを偽り、何食わぬ顔をして、「議会で多数を得ての平和的変革こそ日本共産党の一貫した立場」などと臆面もなくデマ宣伝を行うとは、一体どういう神経なのか。国民を欺《あざむ》き愚弄するものだ。

戦前史における事実の歪曲、大ウソは、これだけではない。

例えば、同党の「80年史」（『日本共産党の八十年』）では、日本共産党は「主権在民の民主政治の実現と侵略戦争反対の平和の旗をかかげて誕生しました」という書き出しで始まる。だがそれは真っ赤なウソである。同党は本稿の冒頭に記したように、スターリン独裁下のソ連共産党が支配するコミンテルン日本支部として設立され、結党の目的は暴力革命に基づく「プロレタリアート独裁」の樹立にあった。

あるいはまた、結党時の「日本共産党綱領草案」（1922年）を自画自賛し、「日本共産党が、天皇絶対の専制政治下にあって、反戦・平和と主権在民の民主主義の立場を明確にかかげたことは、二十世紀の世界史の本流にたつものとして、日本と国民の歴史にとって、かけがえのない値打ちをもちました」などと天まで持ち上げているが、これも偽りである。

確かに同「綱領草案」には、「天皇の政府の転覆と君主制の廃止」「普通選挙権の実施」などのスローガンが盛られ、民主主義的スローガンであるかに見える。しかしそれは、同綱領草案の中で「民主主義的スローガンは、日本共産党にとっては、天皇の政府とたたかうための一時的な手段にすぎないのであって、この闘争の過程で当面直接の任務——現存の政治体制の廃止——が達成されるやいなや、無条件に放棄されるべきものである」とあけすけに本音を述べている。

つまり日本共産党の特定目的＝現存政治体制の廃止↓ソビエト権力（プロレタリアート独裁権力）樹立＝を達成するための「一時的な手段」にすぎず、目的達成後には「無条件に放棄されるべきもの」とされているのだ。一種の〝毛バリ〟である。これでどうして「主権在民の民主政治の実現をかかげて誕生した」などと言えるのか。

そもそも同綱領草案には、どこを探しても「主権在民」という言葉は見当たらない。同党が結党に当たってめざしたのは、主権在民の民主政治ではなく、今日われわれが普通の日本語として使っている意味での民主主義を「ブルジョア民主主義」と否定し、それと正反対の立場に立つスターリン流の〝人民民主主義〟すなわち「プロレタリアート独裁」であった。

▽国内に「内乱」を煽動《せんどう》しクーデターめざす

また、同党が最大に自慢する「侵略戦争に反対し、反戦平和のために投獄にも屈せず、命をかけてたたかった日本で唯一の党」という謳い文句であるが、先にも触れたように同党の「三二年テーゼ」には、「帝国主義戦争反対。帝国主義戦争の内乱への転化」とのスローガンが掲げられ、さらに「革命的階級は……ただ自国政府の敗北を願いうるばかりである。政府軍隊の敗北は、日本における天皇制政府を弱め、支配階級にたいする内乱を容易にする」と述べている。つまり、日本の「敗北を願い」、そして国内に「内乱」を起こし、それを「ブルジョア＝地主的天皇制の転覆。労働者農民のソビエト政府の樹立」との「革命」目的達成につなげるとするものである。これは字義通りの反戦平和とは違うだろう。とりわけ国内で同胞が相戦うことになる内乱の悲惨さは想像を絶するが、その内乱を煽動し、「革命」すなわちクーデターをめざすとしているのに、それを〝反戦平和の旗を掲げ〟などと偽るのは国民を著しく欺くものである。悪質極まりない大ウソである。

例えば、筆坂秀世氏は、こう糾す。「……帝国主義戦争を利用して革命を起こそうとしたわけだ。レーニンがやったことと一緒だ。それを日本でもやろうとした。そうすると、日本共産党は平和の党ではない。内乱だから。暴力革命をするわけだから。これが戦前の『27年テーゼ』であり、『32年テーゼ』だった。そうすると、『侵略戦争に反対した唯一の平和の党』というこの看板はおかしい」(筆坂秀世・田村重信『日本共産党　本当に変わるのか!?』ビューポイントブックス)と。

兵本達吉氏もその著『日本共産党の戦後秘史』で、こう指摘する。「我が国民に内戦、内乱を呼び掛けた日本共産党を反戦平和の闘士として描き出すことほど事実に反することはない。全く逆である」、また「アメリカ兵や中国兵と戦うのではなく、日本の天皇制政府や日本兵と戦えと宣伝、煽動していたのである。……同じ民族が殺し合う内戦、内乱ほど恐ろしいものはない……ある歴史家が書いている。『内戦の炎の壁が、国全体、家族の一つひとつまで突き抜けた』。階級闘争を軸にした内戦は相手を絶滅するまでは終わらない。……これほど残酷で凄《せい》惨《さん》なものはない」と。

▽〝主権在民〟と正反対の〝主権在共産党〟

兵本氏はまた、こう続ける。「もう一つの大きな嘘は、戦前既に主権在民を主張していたという議論である。これも真っ赤な嘘である。美濃部達吉博士が、天皇機関説を唱えただけで大騒ぎとなり、博士が軍部から命まで脅かされたという時代である。主権在民などという思想や概念があろうはずもない。……日本共産党が天皇制政府を打倒してソ連型の労農政府を樹立しようと考えていたことは事実だとしても、これはマルクス主義で言うところのプロレタリアートの独裁の政府であり、スターリンの独裁と恐怖の政治であって、主権在共産党、主権在書記長の独裁政治はおよそ近代政治学でいう主権在民という概念とは程遠い、むしろ正反対のものであった」と。

問題は、この〝主権在民〟問題にせよ、〝反戦平和の党〟などという大ウソにせよ、75年の公・共「憲法論争」での公明党からの「日本共産党への公開質問状」をはじめ、立花隆氏の『日本共産党の研究』等々、同党外からはずっと以前から指摘され続けているのである。だが日本共産党は、それに全く耳を塞《ふさ》ぎ、目を閉じて、相も変わらず従来と同様に「一貫して平和と民主主義のためにたたかい」などと平然と触れ回っているのである。

国民を欺き、史実をごまかして恬《てん》として恥じぬ、その不誠実極まりない無節操な態度こそ問題なのだ。同党固有のその恥知らずな欺瞞的態度は今後も変わることはあるまい。

いうまでもなく政党・政治家は公党・公人の立場にあり、誰よりも倫理・道徳的にもウソ・偽りなど厳しく律せられるべき存在であるはずだ。それは政策や理念の是非以前の問題であり、政党・政治家としての人格的適格性、公党・公人として信用・信頼に値する存在であるか否かに関わる基本要件であろう。「政治は最高の道徳たれ」との箴言《しんげん》もある。

それが日本共産党においては、前述の指摘のように、驚くほどの党史の歪曲、改ざん、ウソ、偽り、ごまかしを平然と重ね、恬として恥じることもない。それは国民や社会に対する重大な背信行為、裏切りであろう。平然とウソをつくということは、国民や世間・社会を平気で騙《だま》すことである。そのような当事者・当該組織はまた再び何食わぬ顔をして、人々を平然と裏切ることになるのは必然であろう。

▽〝票目当て〟の立憲に「共産綱領読むべし」と

御厨貴・東京大学名誉教授は、2021年の衆院選直後のテレビ番組で、今の若い人は「容共とか反共、こんな言葉が通用しない世代」であるとし、そもそも「容共とか反共とは一体何ですか」と、日本共産党がどんな政党か、どんな歴史と体質を持つ政党か、全く知らない世代だと語っていた（21年11月3日放送のBSフジ「プライムニュース」）。事実その通りであろう。だから、日本共産党が自党の党史を歪曲、改ざん、ごまかし、捏造《ねつぞう》しても、「ウソも百回言えば……」の伝のごとく、それが一時的にせよ、また一部の人たちの間に対してであれ、まかり通ってしまうという面があるだろう。

否、「知らない」のは若い世代だけではあるまい。共産党勢力が強い京都を選挙地盤とした伊吹文明・元衆院議長は衆院選前の21年9月下旬の取材で、〝票目当て〟で共産党との「選挙協力に前のめり」になっていた立憲民主党陣営に向け、「立憲民主党幹部は共産党綱領読むべし」（「正論」21年12月号）と提言し、「同時に近現代史の歴史的事実をフォローしたほうがいいと思いますね。僕らの自由と民主制を前提とした保守の立場からすると妙な日本にしてほしくない」と語っている。

　伊吹氏はその中で、ロシアでは革命後に最初にできたケレンスキー民主人民政権が共闘パートナーであるレーニンの共産党に政権を「乗っ取られ」、中国では蔣介石の国民党政府が日本に対抗するため「国共合作」で手を組んだ毛沢東の中国共産党に最後は追い払われて台湾に落ち延び、毛沢東共産党政権ができた経緯や、日本においても、過去7期28年間に及んだ蜷川《にながわ》京都府政に触れ、当初は「共産党は蜷川さんを推薦する一部の勢力だった」にすぎなかったが、それがやがて「共産党主導」の蜷川府政になっていった事実に言及。立憲民主党にとって、「選挙協力について非常に熱心」な共産党との共闘路線が日本共産党綱領に明記される社会主義・共産主義社会実現への第一段階である民主連合政府づくりに暗に加担する事態にならないかと訴え、日本共産党がどういう政党であるか、もっと知るべきだとしている。

　日本共産党の綱領には、めざす社会主義・共産主義社会実現の手段として統一戦線戦術が明記されている。それは他政党や諸団体と協力・共闘体制を組み、そして「内部から占領する」(同党の「二七年テーゼ」)などして、同党が主導的地位を築いていくというものだが、伊吹氏の指摘した事例の他にも、戦後の東欧諸国などの実際例では協力・共闘したパートナーは後日に共産党に乗っ取られたり、「サラミ戦術」との言葉があるように利用済みとして排除・追放・弾圧・粛清《しゆくせい》されたり、残っても共産党に隷属《れいぞく》する翼賛的存在として認められるという苛酷な運命をたどったのだ。伊吹氏の言う「近現代史の歴史的事実」として現に物語るところだ。

▽連合、立憲に共産との共闘関係見直し求む

また、立憲民主党の最大の支持団体である連合は21年の衆院選に関する総括文書を同年12月16日に公表した。その中で、連合として「一丸となって闘う困難さがあった。困難さを増長させた背景に共産党との関係があった」「基本政策や国のめざす方向が大きく異なる政党同士が連携・協力することは、多くの有権者の理解を得ることは難しい」と指摘。さらに、野党共闘で共産党が前面に出てきたことで、組合員の「動員力を発揮しづらかったケースがあった」などと分析。共産党が掲げる「野党共闘」は「(同党)綱領にもとづく統一戦線の一つの形であり、共産主義社会実現のための手段であることは明確である」と強調し、立憲民主党に対し、共産党との共闘関係の見直しを求めている。

そして芳野友子・連合会長は「……民主主義のわれわれと共産の考え方は真逆の方向を向いている」「(共産党とは)もう、決別してほしい」(「産経」21年12月15日付)と訴えている。

先の伊吹氏の提言、また連合の衆院選総括も含め、21年の衆院選を機に、共産党の加わった野党間の共闘問題が国政上の一焦点となっており、改めて日本共産党がいかなる政党か、その綱領や党体質、党史などに関心が寄せられている。

御厨氏は、前述のテレビ番組の中で、「(立憲民主党に対し、共産党との共闘路線について)端的に言えば、早めに切った方がいい。これから歴史を掘り出せば掘り出すほど、共産党というのは古いことが全部、いろいろなところで出てくる。それがばれちゃう。……このままいけば立民はちょっと危ういのではないかと思う」とも発言していたが、本稿は共産党の「古いこと」、その戦前・戦後史の一端を「掘り出し」、

同党史に関する重大なウソ・偽りと目される諸点を検証したものだ。

▽〝カメレオンのごとく態度、見解豹変〟が特徴

日本共産党の常套句の一つが、「一貫した立場」なる言葉だ。しかし、これまでに引用した著者らの文献に散見されるのは、「……ある日突然党の方針がガラリと引っくり返り、昨日まで走っていた方向とは別方向に走りだすという共産党の体質は、その後の党史においても豊富に実証される」(立花氏)とか、「日本共産党が時代とともに、情勢とともに、たえずカメレオンのごとくその基本的見解を豹変させ……」(兵本氏)、「共産党の特徴は方針をいつの間にか変えていく」「ものすごい書き換えをやる」「憲法の条文は一字一句変わっていないのに、改憲派から護憲派になったということは、共産党がくるくるくるくる態度を変えてきたということだ」(筆坂氏)といった文言だ。

その意味するところは、今日・現在唱えている主張・見解も、先々また、「一貫した立場」と言いながら、きちんとした総括や自己批判もないまま、ガラリと引っくり返り、態度豹変する可能性大ということであろう。

どんなに誤りを犯しても、「絶対に誤りを認めない政党」(産経新聞政治部『日本共産党研究』産経新聞出版)と指摘され、「いつでも、どこでも、正しいのは日本共産党だけ」との尊大な独善主義をふりまくのが同党だ。「歴史を変えたり無かったりすることはできない。過去に目を閉ざす者は現在に対しても盲目になる。未来も同じ過ちを犯すであろう」とはワイツゼッカー元ドイツ大統領の戒めの言葉だ。日本共産党が創立100年を迎えるにあたり、その歩みをどう総括するのか、注視したい。

〈月刊「公明」2022年3、4月号から転載〉

隠せぬ〝暴力革命〟路線
――「敵の出方論」を維持

「党創立百周年記念講演で『日本共産党は暴力革命と無縁』とあれだけ丁寧に話したのに理解能力がないのか、理解しようとしないのか」。日本共産党の志位和夫委員長は2022年12月7日、ツイッターに、いら立ちをこう投稿した。

政府が前日の6日に閣議決定した答弁書の中で、同年9月の志位氏の記念講演を「承知している」とした上で、同党について「暴力主義的破壊活動を行った疑いがあり、また、同党のいわゆる『敵の出方論』に立った暴力革命の方針に変更はないものと認識しており、現在でもこの認識に変わりはない」との見解を示したことに対するものだ。

志位氏が「丁寧に話した」という記念講演は、1950年代の同党の武装闘争について、〝分派がやった〟と改めて強調し、武装闘争方針は〝ソ連・中国の干渉のせい〟と言わんばかりに主張した代物《しろもの》。同党の暴力的破壊活動の責任逃れを図る言説を長々と述べたものだ。しかも、政府が問題視する「敵の出方論」について、答弁書の閣議決定後も「表現そのものを党としては廃棄している」（小池晃書記局長）と反論しているが、「廃棄」したのは「表現」にすぎず、「敵の出方論」そのものは廃棄していない。

そもそも「敵の出方論」は、志位氏が記念講演で足跡をたたえた党の元議長・宮本顕治氏が遺《のこ》した方針だ。宮本氏は58年の第7回党大会で「革命への移行が平和的な手段でおこなわれるように努力するが、それが平和的となるか非平和的となるかは結局敵の出方による」とし、これを「マルクス・レーニン主義の革命論の重要原則」と強調している。志位氏の記念講演は、政府の見解に何ら影響を与えなかったようだ。

〈「公明新聞」2022年12月14日付「編集メモ」から抜粋〉

共産、チラシで真っ赤なウソ

政府から「暴力革命の方針に変更はない」（加藤勝信官房長官、2021年9月14日）と指摘された日本共産党が、「しんぶん赤旗」同年9・10月号外なるチラシを全国各地でまき、「〝暴力革命〟などという方針をとったことは一度もない」「市民と野党の共闘をこわすデマ」などと強弁している。しかし、同党が1951年綱領などに基づいて武装蜂起・軍事闘争の戦術を採用し、全国で凄惨《せいさん》な殺人事件や騒擾《そうじょう》（騒乱）事件などを引き起こしたことは歴史的事実だ。

これに対し、共産党は現在、「分裂した一方が行ったことで、党としての活動ではない」などと責任回避の逃げ口上を使うが、同党自身が51年綱領を採択した第5回全国協議会を「ともかくも一本化された党の会議であった」（58年の第7回党大会中央委員会政治報告）と認めているように、暴力的破壊活動は党の正式な会議で決定された〝正規な方針〟だったのである。

さらに、チラシでは、「公安調査庁が60年以上調べても何も出てこないこと」が〝暴力革命〟方針が一度もない「何よりの証拠」と主張している。しかし、「何も出てこない」どころか、51年綱領に基づく武装闘争以後も、同党内には「革命の平和的実現をただ一つの道として絶対視してはいません。革命の発展が別の形態、すなわち非平和的な形態をとる可能性があることも十分考慮にいれています」とか、「議会を通じての平和革命方式」を嘲笑《ちょうしょう》し罵倒《ばとう》する類いの文言・文書が多々散見されるのである。

〈「公明新聞」2021年10月2日付「編集メモ」から抜粋〉

V. 日本共産党史の〝暗部《ブラックホール》〟

〈公明ブックレット㉝から転載、初出は月刊「公明」2015年5〜7月号〉

1 〝自らを顧《かえり》みぬ〟「前衛」記事の不明と愚論

公明党は２０１４年11月17日、結党50年を迎えた。それに際し、党外の識者・文化人から、「清潔に徹し、福祉、文化、平和に力を入れてきたその歩みを私は高く評価している」（劇作家の山崎正和氏）、「公明党が最も優れているのは、地に足の着いた平和主義という点」（ジャーナリストの田原総一朗氏）、「結党時の指針『大衆とともに』が50年間、ぶれずにきた」（寺谷弘壬《ひろみ》・青山学院大学名誉教授）等々のコメントが寄せられた。

一方、月刊「公明」誌上で公明党の50年史（『大衆とともに』公明党の歩み」）を連載したことに関し、日本共産党は機関誌「前衛」（14年11月号～15年1月号）誌上で、「公明党結党50年の裏面史」なる悪意に満ちた中傷記事（以下「前衛」記事）を掲載した。「反対だけが実績の党」と称される日本共産党にとって、公明党が党外一般からも「平和の党」「福祉の党」「庶民・大衆の党」と評されることに対し、妬《ねた》み僻《ひが》みの念に似て、あら探しやケチをつけることが「眼目」のようである。

すなわち、「前衛」記事では、冒頭で、「公明党の五〇年の歴史を俯瞰《ふかん》し、その実態に少しでもふれるなら、この党の表と裏の言動の落差に驚かざるをえない。……つまり建前と本音の違いであり、国民への説明と実際の言動との相反である」と批判し、公明党の50年は「矛盾と欺《ぎ》瞞《まん》に満ち」「無責任で反国民的」「外面と裏の素顔があまりに違いすぎる」「外面如菩薩内心如夜叉」などと罵倒《ばとう》し全否定している。共産党流のいつものパターンである。

●「全能」「完全」の体現者？

そのように公明党を罵倒する日本共産党であるが、同党はどのような精神構造を持っているのか。同党では、その奉ずる科学的社会主義＝マルクス・レーニン主義を、あらゆる思想、哲学、主義、主張の中で「ただしいがゆえに全能で……完全」「全一的な世界観」「人類の歴史がつみあげてきた科学の成果の最高の結晶」（日本共産党中央委員会出版局発行『共産主義読本』）、「実践の試練にたえぬいた客観的真理」「絶対的に正しく動かしえない内容をもって（いる）」「絶対的真理」（日本共産党中央委員会発行「月刊学習」1967年9月号）だと断定し、しかも同党は「日本において……真の社会主義（科学的社会主義）を体現している」のは「日本共産党をおいてほかにありません」（日本共産党中央委員会出版部発行『日本共産党100問100答』68年版）としている。その意味するところは事実上、「全能」「完全」「絶対的真理」とするイデオロギーの日本における唯一の「体現者」が日本共産党であるということである。

●「共産党はいつでも、どこでも、正しい」の独善主義

自らを居丈高に「絶対正義」の高みに据えているようである。日本共産党が「前衛」を自称しているのも、その表れだろう。すなわち、「日本共産党は、日本の労働者階級の前衛部隊であり、労働者階級のいろいろな組織のなかで最高の階級的組織」「共産党は……労働者階級のもっ

ともすすんだ人びと、つまり……労働者階級のすぐれた階級的資質を集中的にもった政党であり、労働者階級全体と人民にたたかいの方向をしめし、その先頭に立ってたたかい、指導する労働者階級の前衛部隊」（『共産主義読本』）としている。そのように自党を「最高」「もっともすすんだ人びと」「指導する」側に立つと位置付けており、同党以外の国民大衆を睥睨《へいげい》するように、同党が全国家権力を掌握した暁《あかつき》には「全人民を社会主義的に改造」（『共産主義読本』）、「社会の成員を一層たかい共産主義的人間に改造してゆく」（『日本共産党100問100答』68年版）との〝人間改造〟方針を掲げているのである。公明党を罵倒する同党機関誌「前衛」はさしずめそのシンボルということだろう。

そのような「唯我独尊」思想に凝り固まっている同党は、昔から「いつでも、どこでも、正しいのは日本共産党だけ。他はすべて間違っている」といわんばかりの度し難い独善主義を振り回し、他党批判にも余念がない。とりわけ公明党に対しては一貫して「反動」「反共」なるレッテルを貼りつけ、敵意をむき出しにしてきていることは周知の通りだ。しかも共産党は尊大な「前衛」意識からか、同党以外の他者・他党から一言半句でも批判されたり異を唱えられたりすると、一切聞く耳を持たぬ批判絶対拒否の態度に出て、目玉がつり上がったように逆上し、相手をヒステリックに「反共」呼ばわりしたり、猛《たけ》り狂ったように罵倒し続けることに血道を上げるのが習性となっている。

●立花隆氏へ「組織的で悪質な取材妨害」

そんな同党の異常体質を指摘する声は多々ある。例えばかつて、「文藝春秋」誌上で「日本共産党の研究」との題で連載・執筆した評論家の立花隆氏は同連載を収めた同名の書（講談社）

の中でこう指摘する。「……『反共』という薄汚れたイメージのレッテルを相手に貼りつけてしまうと、あとは相手をまともな議論の相手とは見ず、ひたすら、罵詈讒謗《ばりざんぼう》、誹謗中傷のたぐいをウンザリするほど浴びせかけてくる。これが共産党のいつもの議論の仕方である」、あるいは「共産党は人のいうことを歪曲《わいきょく》した上でこれに徹底的な誹謗中傷を加えて攻撃するという習性を持つ集団」と。さらに、立花氏は「私が共産党に対して加えてきた批判は、すべて民主主義の原理からの批判」としているが、「これに対して共産党は……デマゴギーと中傷をもって応えることしかしなかった。……『反共』のレッテルを貼りつけ、これに威嚇《いかく》的で声高な誹謗と揶揄《やゆ》と罵倒とを浴びせかけることしかしなかった」。

立花氏に対し、上記のような威嚇的で罵詈雑言の「反共」大キャンペーンを浴びせただけでなく、さらに「我々の取材に対して共産党から組織的になされた、きわめて悪質な取材妨害」との言論妨害・抑圧行為についても、立花氏は同書の中で生々しく証言している。

立花氏は日本共産党機関紙「赤旗」の取材の仕方について、「正々堂々と『赤旗』を名乗らない。ある作家に頼まれて人の消息を調べている、ある学者の伝記を書くために、その周辺の人たちの行方を調べている、などといった口実を使う」等々、「ほんとに信じ難いほどのあの手この手を使う」と、コキ下ろした上で、

「問題なのは取材妨害である。取材先に出かけていって、

『立花隆という人間がどういう人間か知っているか』

と、まず私に関する誹謗中傷をならべたて、次いで、

『文春の取材に応じるとどうなるか知ってい

るか』

と切り出して、

『文春は、名前を伏せるなどの口約束をしても平気でその約束を破り、しょっちゅう裁判沙汰を起している。あなた方の名前の場合、明るみに出たら生命の危険にさらされる』

などといい、ある所では、スパイに売られて虐殺された同志の子供がまだ生きているとチラといってみたりする。

あるいは、

『文春の取材記者は社員ではなくルポ・ライターだから無責任に平気でウソをいう』

『文春のようなところからは念書を取ってからでなければ取材に応じてはダメだ。何なら私たちの弁護士に相談にのらせよう』

こんなことをならべたてるのである。ご苦労なことにはこれらの取材妨害のために、東京から全国に人をやったのだそうである。

私もこの道に入ってそう浅くはない経験をつんでいるつもりだが、これほど組織的で悪質な取材妨害にぶつかったのははじめての経験である」とし、「共産党が政権をとると、こういう形での悪がしこい報道機関への取材妨害が広汎におこなわれるようになるのだろうかと、空恐ろしく思っている」と記している。

●立花氏を「犬」呼ばわりする人権侵害

日本共産党はそのように党を挙げて立花氏を批判・攻撃し、同党機関紙「赤旗」では「犬は吠《ほ》えても歴史は進む」との大見出しを掲げ、それをパンフレットの表題とするなど、立花氏を何と「犬」呼ばわりまでした。他にも、「自民党の走狗《そうく》」「トロツキスト暴力集団の一味」「特高警察の擁護者」「日本型ファシズムの推進者」などの悪質なレッテルを立花氏に貼りつけ、陰湿な人格攻撃、罵詈雑言の限りを浴びせたのである。

　また、当時、文藝春秋社で担当デスクだった花田紀凱氏は、「『文藝春秋』が発売されるとほとんど同時に『赤旗』その他、党の機関紙、誌を総動員して反撃してくる。事前に内容が漏れているとしか思えなかった」とし、「後に取材チームにスパイが潜入していたと判明した」(兵本達吉『日本共産党の戦後秘史』文庫本「解説」)と書いている。「生涯にこれほど驚いたことはない。当時の立花部屋の内情が、すべて日本共産党側に筒抜けになっていたとは」「日本共産党の怖さ、非人間性を思い知らされた」(『編集者！』ワック)とは花田氏の述懐だ。

　限られた取材チームの中に、スパイまで潜入させていたとは仰天《ぎょうてん》するばかりだが、日本共産党はそこまでやる党である。

　立花氏の語る「これほど組織的で悪質な取材妨害」のあの手この手には恐れ入るばかりであるが、日本共産党が野党だったから、まだ「取材妨害」程度で済んだともいえるだろう。立花氏は自らが受けた実体験から「共産党が政権をとると……空恐ろしく思っている」と述べているが、それは決して杞憂《きゆう》ではあるまい。

　現に、日本共産党は「反共主義は共産党の敵であるだけではなく、人民の敵なのです」(『共産主義読本』)と威嚇的に宣言している。共産党にとって不都合な言動を、「反共主義＝共産党の敵＝人民の敵」と恣意《しい》的・専断的に判断することは十分ありうる話だ。現にそのことは立花氏に対して取った態度からも予想される。否それだけでなく、実際に共産党が政権党となった既存の社会主義国では、共産党に従わなかったり、反対する人々を、「反革命分子」「人民の敵」呼ばわりし、片っ端から〝粛清《しゅくせい》〟の対象者とし、累々《るいるい》たる犠牲者を出したことは厳たる歴史の事実である。

　立花氏による「文藝春秋」での「日本共産党

の研究」は1976年1月号から77年12月号まで連載された。この間に、またそれ以後も、上記のような立花氏に対する悪質な取材妨害や、「ほとんど狂気じみた激しい中傷攻勢」（同書「はじめに」）、威嚇的な罵詈讒謗を浴びせたわけだが、その7年前の69年12月から70年3月頃までの期間、日本共産党は公明党と創価学会に対し、言論・出版妨害があったとして、国会で大論陣のシフトを敷いたのをはじめ、「赤旗」など同党の機関紙誌を総動員して大キャンペーンを張り、また全国にビラ・チラシ類をまき散らすなど党を挙げて集中的・組織的な批判攻撃を行った。さらに共産党系の学者・文化人らを動員し、「前衛」記事にも出てくる「日本出版物小売組合全国連合会」など共産党系の印刷、出版、販売関係などの諸団体も連携して活発に動き、「声明」発表やら「抗議」行動などを盛大に展開した。

●真っ赤なウソ　「言論・出版自由の守り手」

その時の日本共産党陣営の〝錦の御旗〟〝大宣伝〟が「日本共産党だけが唯一、言論・出版の自由の守り手」「民主主義の擁護者」「正義の味方、真実の友」などという触れ込みであった。しかしその後の、立花氏に対する党を挙げての一連の組織的・集中的な取材妨害・言論抑圧行為はそれが全くのウソ・偽《いつわ》りの〝仮面〟にすぎないものであることを天下に暴露するものであった。この事実は、まさに日本共産党が、「前衛」記事で公明党側に投げつけてきた「表と裏の言動の落差」「建前と本音の違い」「国民への説明と実際の言動との相反」「外面と裏の素顔があまりに違いすぎる」党であることを見せつけるものではないか。

なお、この時の言論・出版問題について、月刊「公明」誌上の「50年史」にも、きちんと明記しているように、公明党は70年6月に開催した第8回党大会で、こう総括した。「この問題は、あくまでも不当な中傷に対して、みずからの名誉をまもるための話し合い、または要望の範囲内にとどまるものであり、言論の自由妨害あるいは憲法違反などと指摘されるものではなかったのでありますが、ただ公党として、世間の疑惑を招く結果となった点については、誠に遺憾であり、深く反省するものであります。わが党は、言論・出版の自由を尊重することを堅く誓うとともに国民各層から寄せられた忠告・助言に謙虚に耳を傾けながら、党の建設に努力してまいります」(「党務報告」)と。

ところが、ねじ曲げ・歪曲専門の「前衛」記事にかかると、こう描かれるのだ。「当時も『深く反省』と口では言いながら……『公明党史』では、そうした言葉さえも雲散霧消しているのである」と。公明党を貶《おとし》める悪質デマの一つである。大体、日本共産党は、立花氏に対して行った「組織的で悪質な取材妨害」、言論抑圧行為、さらに立花氏を「犬」呼ばわりした人権侵害・名誉毀損について、党として反省・謝罪をしたことがあるのだろうか。そうした事実があったとは寡聞《かぶん》にして知らない。もし立花氏側に反省・謝罪をしていないというなら、同党は今でも〝あれは正しかった。間違っていない〟と認識しているということである。即それは今後も同様な犯罪的行為を繰り返す可能性があるということだ。

さて、最近は戦術的な「ソフト・ムード」「柔軟微笑」路線下でネコかぶりしているのだろうか、他者・他党攻撃はやや抑え気味というか潜在化しているようであるが、しかし同党の血肉化し骨がらみとなっている、その独善主義や、あたり構わず「反共」呼ばわりするヒステリー症状、常習的なデマ・でっち上げの性癖といった異常体質は、簡単には矯正《きょうせい》されないだろう。否ほとんど改善不能であろう。従って、同党との間でまともな政策論争や生産的な議論など成立するはずもない。立花氏も「もしかしたら、共産党内でポレミスト（論争者）として取り立てられる条件は、論理の構築能力とか、批判・分析能力にあるのではなく、罵倒能力にあるのではないかと思わせるほどだ」（『日本共産党の研究』）と指摘しているが、まさにそれを裏書きするような、公明党に向けられた罵倒と全否定だけの「前衛」記事にまともに向き合っても不毛なだけである。

俗に〝自らを顧みてモノを言え〟と言うが、大体、当の日本共産党自身の過去はどうなっているのか。同党は１９２２年7月15日に結成され、近々結党93年を迎える。これまで40年史、45年史、50年史……と過去7回、党史を発表している。最近のものとしては２００３年1月に発表された「80年史」（『日本共産党の八十年』）がある。過去のそれまでの党史と同様に、至るところに党史の詐称・偽造が散見されるのであり、それについては「公明新聞」（03年3月30日付）紙上で「党創立の目的さえ偽る日本共産党の虚偽体質――『民主主義と平和の旗かかげて誕生した』は、〝真っ赤なウソ〟」と題して論評したことがある（公明ブックレット㉚「日本共産党の欺瞞性を突く」所収）。

すなわち、「80年史」では、日本共産党は「主権在民の民主政治の実現と侵略戦争反対の平和の旗をかかげて誕生しました」という書き出しで始まるが、それは真っ赤なウソである。同党はスターリン独裁下のソ連共産党が支配するコミンテルン（共産主義インターナショナル）の日本支部として設立され、結党の目的は暴力革命に基づく「プロレタリアート独裁」の樹立にあった。あるいはまた、結党時の「日本共産党綱領草案」（1922年）を自画自賛し、「日本共産党が、天皇絶対の専制政治下にあって、反戦・平和と主権在民の民主主義の立場を明確にかかげたことは、二十世紀の世界史の本流にたつものとして、日本と国民の歴史にとって、かけがえのない値打ちをもちました」などと天まで持ち上げているが、これも偽りである。

●「一貫して平和と民主主義の党」はウソ

確かに同「綱領草案」には、「天皇の政府の転覆と君主制の廃止」「普通選挙権の実施」などのスローガンが盛られ、民主主義的スローガンであるかに見える。しかしそれは、同綱領草案の中で「民主主義的スローガンは、日本共産党にとっては、天皇の政府とたたかうための一時的な手段にすぎないのであって、この闘争の過程で当面直接の任務――現存の政治体制の廃止――が達成されるやいなや、無条件に放棄されるべきものである」とあけすけに本音を述べている。つまり日本共産党の特定目的＝現存政治体制の廃止→ソビエト権力（プロレタリアート独裁権力）樹立＝を達成するための「一時的な手段」にすぎず、目的達成後には「無条件に放棄されるべきもの」とされているのだ。一種の〝毛バリ〟〝羊頭《ようとう》狗肉《くにく》〟である。これでどうして「主権在民の民主政治の実現をかかげて誕生した」などと言えるのか。

そもそも同綱領草案には、どこを探しても「主権在民」という言葉は見当たらない。同党が結党に当たってめざしたのは、主権在民の民主政治ではなく、今日われわれが普通の日本語として使っている意味での民主主義を「ブルジョア民主主義」と否定し、それと正反対の立場に立つスターリン流の〝人民民主主義〟すなわち「プロレタリアート独裁」であった。

また、「侵略戦争反対の平和の旗をかかげて」

というが、同党の「三二年テーゼ」(「日本における情勢と日本共産党の任務にかんするテーゼ」＝1932年)には、「帝国主義戦争反対。帝国主義戦争の内乱への転化」とのスローガンが掲げられ、さらに「革命的階級は……ただ自国政府の敗北を願いうるばかりである。政府軍隊の敗北は、日本における天皇制政府を弱め、支配階級にたいする内乱を容易にする」と述べている。つまり、日本の「敗北を願い」、そして国内に「内乱」を起こし、それを「ブルジョア＝地主的天皇制の転覆。労働者農民のソビエト政府の樹立」との「革命」目的達成につなげるとするものである。

これは字義通りの反戦平和とは違うだろう。とりわけ国内で同胞が相戦うことになる内乱の悲惨さは想像を絶するが、その内乱を煽動《せんどう》し、「革命」すなわちクーデターをめざすとしているのに、それを〝反戦平和の旗を掲げ〟などと偽るのは国民を著しく欺《あざむ》くものである。悪質極まりない大ウソである。

問題は、この〝主権在民〟問題にせよ、〝反戦平和〟の大ウソにせよ、ここで初めて指摘しているのではないということだ。75年の公・共「憲法論争」での公明党からの「日本共産党への公開質問状」をはじめ、立花隆氏の「日本共産党の研究」等々、同党外からはずっと以前から指摘され続けているのである。だが日本共産党は、それに全く耳を塞《ふさ》ぎ、目を閉じて、相も変わらず従来と同様に「一貫して平和と民主主義のためにたたかい」などと平然と触れ回っているのである。国民を欺き、史実をごまかして恬《てん》として恥じぬ、その不誠実極まりない無節操な態度こそ問題なのだ。同党固有のその恥知らずな欺瞞的態度は今後も変わることはあるまい。

●テロと暴力革命に専念していた時代

　ところで、この80年史に限らず日本共産党は過去の党史でも、常に〝党の輝かしい歴史と伝統〟を得々と吹聴《ふいちょう》し自画自賛しまくっているのだが、実際は少しも輝かしくないので、党外や関係者から、虚偽だ、ゴマカシだ、といった指摘や論評が少なくない。その一つに、兵本達吉氏の著『日本共産党の戦後秘史』（産経新聞出版２００５年９月刊）がある。

　兵本氏は青年時代から三十数年にわたって日本共産党員であり、１９７８年に同党中央委員会勤務となり、党国会議員秘書などを務め、98年に同党を除名されるまでの約20年間、党本部内でつぶさに党を見聞きしてきた人物である。兵本氏は「日本共産党が時代とともに、情勢とともに、たえずカメレオンのごとくその基本的見解を豹変させ」（「幻想と批評」第7号）てきたと指摘しているが、氏の著『日本共産党の戦後秘史』には、こう記されている。

「過去何度も出された党史で、常に触れられない部分がある……日本共産党のブラックホール、闇に閉ざされた部分である。……交番に火炎びんを投げ込んだり、警察官を殺害したり、水滸伝の山賊よろしく、『山村工作隊』と称して山に立て籠《こも》ったり、漁師の船をかっぱらって『人民艦隊』と称したり、地主を襲って金品を強奪したり、『トラック部隊』と称して、会社財産の盗奪をはかったり、要するに、共産党の非合法活動の時代、テロと暴力革命に専念していた犯罪的愚行の時代のことである。党にとっては、これは書くわけにはいかないものである。だから、党史からオミットしてあるのである。オミットしているだけではない。白を黒、サギをカラス、白猫を黒猫というふうに、事実をあべこべに、逆さまに描き出して、党史を改竄《かいざん》している」と。

●陰湿・凄惨《せいさん》な「拉致《らち》・監禁・査問・リンチ」

ここに記された、「テロと暴力革命に専念していた犯罪的愚行」は、日本共産党が自賛してやまぬ「平和運動」「平和主義」とはおよそ正反対の武装蜂起・軍事闘争であり、日本社会を根底から震撼《しんかん》せしめた犯罪行動だが、兵本氏の言う「日本共産党のブラックホール」「闇に閉ざされた部分」は、それにとどまらない。最近も月刊誌「Ｖｏｉｃｅ」(15年3月号)で取り上げられたが、同党内における、陰湿・凄惨な「拉致」「監禁」「査問」「リンチ」といった事例も、同党の「裏面史」の一つである。

すなわち、同「Ｖｏｉｃｅ」誌の記事(「説教ストロガノフ」第8回)では、「日本共産党のブラック体質」として、同じ党員仲間を造反嫌疑、スパイ嫌疑などで取り調べる「査問」について言及している。同誌記事でも取り上げられた「宮本リンチ事件」――党内の「査問」で、凄惨極まる拷問《ごうもん》、リンチを加え、死に至らしめ、不法監禁致死・死体遺棄で無期懲役判決を受け、服役した宮本顕治・元同党委員長が犯した事件であるが、それは天下周知の事実である。このとき、査問の場に持ち込まれた凶器類は、ピストル、実弾3発、出刃包丁(2丁)、薪《まき》割り用斧(2丁)、硫酸瓶、錐《きり》、針金、火鉢、炭団《たどん》、麻縄、細引、目隠し、猿轡《さるぐつわ》などであった。

同誌記事は、不破哲三・前党委員長も受けた「査問」についても触れており、「不破と仲間の何人かが査問部屋に何日も閉じ込められ、顔の形が変わるほどぶん殴られるリンチを受けた……」とある。その詳細は、兵本氏の前掲書によると、共産主義研究家の来栖宗孝の論文「日本共産党の『五十年問題』と党内抗争」に記されているとされ、スパイ、規律違反、金銭不正の摘発名目で総点検運動が行われ、「第一次」で党員269人が処分され、「第二次」では過酷非情に強行されて、さらに1200人の党員が処分されたという。

この総点検運動において、「『スパイ査問』の名を借りたリンチやテロが呵責《かしゃく》なく行われ、……自殺者、発狂者が多数出て、癒《いや》すことのできないような深いトラウマ（精神的外傷）を党員と党組織に遺《のこ》した」とされるが、不破前委員長らがこのとき受けた「査問」では、「……何人かの細胞員学生が殴りつけ両手を縛り、ついには焼け火箸《ひばし》を持ち出してくるという凄惨な状況が展開された」という。

また、同「Ｖｏｉｃｅ」誌記事では、「共産党の暗黒面は、『査問』（筑摩書房）という暴露本に詳しく記されています」とあるが、その『査問』（1997年刊）の著者・川上徹氏は共産党系の学生組織・日本民主青年同盟（民青）の元幹部である。川上氏が同著で告発した「査問」実態は、日ごろ「人権擁護の党」「開かれた党」などと党外国民向けの日本共産党の宣伝文句とは全く裏腹な党体質であることを生々しく暴露するものであり、共産党内外に大きな波紋を呼んだ。そのため、不破氏が党委員長時代の93年9月11日、日本記者クラブでの講演の際、記者から川上氏らへの「査問」に関して聞かれ、こう述べている。

「これは政党のなかのいわば政治倫理の問題です。党大会で人民的議会主義という方針が決まったときに、〝それはおかしい〟という人たちが、いわば一つのグループをつくって、かなり手広い活動をやっているのを、調べたということ」であると。

しかし不破氏が語ったこの言葉は、全くのまやかしである。実際に「査問」を受けた元党員らの証言を見れば、単なる事情聴取的な「調べた」などという説明とは大きくかけ離れたものである。それこそ人権蹂躙《じゅうりん》、非民主的な実態が存在することは明白だ。それは、「政党のなかの政治倫理の問題」といった通り一遍の遁辞《とんじ》で済まされるような話では全くないのだ。

●告発・暴露された戦慄《せんりつ》すべき査問実態

川上氏の著『査問』には、戦慄すべき内容が描かれている。民青本部に出向いた川上氏に対し、緊急会議があるので「即刻、代々木の党本部に行ってほしい」と告げられた。だが緊急会議は、川上氏を呼び出すための口実にすぎなかった。党本部に入ると、無言の男二人に前後を挟まれ、小部屋に連れて行かれた。同党最高幹部の幹部会員の男に「君には党規約と規律に違反した嫌疑がかかっています」「君の党員権をただいまから停止します」と告げられた。身につけている一切の所持品の提出を求められ、手帳から筆記具まで全て取り上げられた。家に帰ることも許されず、外部との一切の連絡が禁止された、妊娠3カ月だった妻への電話も許されなかった。絶えず屈強な「防衛隊員」の〝見張り役〟がつき、その見張り役はトイレにまでついて行き、ドアを開けておけ、と指示された。夜も自殺予防の監視係が添い寝して、一人になることを許されなかった。〝自殺〟に走るほど、取り調べは峻烈《しゅんれつ》過酷だったということだろう。

査問七日目にして、初めて着替えの差し入れが届いた。体から異臭が漂うようになっていて、入浴が許された。党本部の党員による尋問は、川上氏には身に覚えのない「分派活動」を認めさせようとするもので執拗《しつよう》を極め、「人生そのものの終わりと錯覚させるほどの脅迫力を持つものであった」。査問十二日目に川上氏の妻が党本部に呼ばれ、夫が分派活動の疑いで取り調べされていることを初めて知らされ、それを聞いた川上氏の父母が、あまりに非常識な党のやり方に対し、「これ以上の息子の留置に対しては、人権擁護委員会に訴え出る」と党側に通告。翌日ようやく十三日目に釈放された。釈放のとき、川上氏は「君、君が消えてくれるのがいちばんいいんだけどな」との言葉を浴びせられた、という。川上氏は〝釈放〟後も「隔離・再教育」と称して自由を拘束された。「もし日本がソ連・東欧型の社会主義国になっていたとしたら、間違いなく自分は銃殺刑に処せられていただろう」とは、同著での川上氏の言葉である。

同著には、同じく査問された川上氏の友人（新保寿雄氏）がメモに記した〝査問官〟の共産党幹部の言動も紹介されている。

「お前、オレをナメルのか！　共産党中央をナメルのか！　甘く見るんじゃないぜ」

「オイ、全部吐けよ、吐きゃあ気も楽になるし、家にも早く帰れるのにな」

「そうか、どうしても吐かないっていうんだな。……お前、新保という人間をナ、党内はもちろんのこと、社会的にも抹殺してヤル。断固、糾弾していくんだぜ」

「お前、子どもがいるナ。民主連合政府になってナ、親父は反党反革命分子だということになったら、子どもはどうなるんだ。子どもの将来のことも考えろよ。オイ、吐けよ」……

この本の帯には、「よくここまで書いてください ました。私の友人は発狂し、その後の人生をめちゃめちゃにしてしまいました」（57歳女性元党員）、「人権蹂躙、昔の特高もどきのやり口に戦慄しました」（60代男性　現党員）という言葉が載せられている。

●「共産党だけには権力とらせるな」…

川上氏と同時期に同じく「査問」された数百人のうちの一人、ジャーナリストの高野孟《はじめ》氏は共産党本部で一週間にわたり監禁、査問され、「僕は査問一日目の結論として、この党にだけは権力とらせちゃいけないと思った。スターリン粛清とか、いままでさんざん言われてたのと同じことが日本共産党でもやっぱり起こると思った。まだいまは党内権力だから、このくらいですむけれども、これが国家権力だったら殺されてると」(「諸君」98年5月号)と語る。

また、かつて専従党員で67(昭和42)年5月に同様な目にあった宮地健一氏は、氏が開設しているホームページの中で「私が受けた『監禁査問』21日間の壮絶」との実体験を公表している。川上氏と同様な「監禁査問という名の拷問」「トイレも通院も監視つき」「24時間中私語禁止」「長男を出産したばかりの妻にも会わせず、子供の様子を聞くことも許されず」「銭湯では湯船まで一緒に入る監視要員付き」等々の人権蹂躙を受けたというが、まさに犯罪的である。

宮地氏は結局、査問から約10年後に党から給料をもらう専従職を解雇されることになるが、その頃、日本共産党関係者による執拗な尾行、監視を受けたことを、妻の幸子さんが、こう綴《つづ》っている。「一九七七年、再び尾行で悩まされた。今度は夫が。日本共産党の執拗な張り込みと尾行によって。……夫が時間を決めて散歩に出ると、執拗に尾行を繰り返し、これも精神的破綻《はたん》を待つかのように組織的に尾行要員を投入した。……権力による人権侵害に徹底的に抗議する党が、党員を使い、『反党分子』には平気でこのような人権侵害をしたのである。当時、毎日帰宅後にその状況を聞き、理想とはまるで違う実体に、日本が共産党独裁の社会でなくて本当によかったと心底思った」と。

●査問は「中世の魔女裁判と同じ」

前出の兵本達吉氏も「査問」された体験者である。兵本氏は、「文藝春秋」誌上(2000年

3月号）に「密告・査問　日本共産党の暗黒裁判」との手記を公表した。同手記は、「黙秘権もプライバシーもない。五人の男が〝自白〟を強要する——これでも『人権の共産党』か」とのリードで始まり、冒頭「五日間二十時間半に及ぶ査問の末、四十年近く在籍した日本共産党を除名された」と続けている。

さらに、「……共産党の査問においては、一般の法律の常識はまったく通じない。何もかもがさかさまになったような異様な世界が、そこにはあった。基本的な人権すら、そこには存在しなかった。『ここでは黙秘権はあるのか』と尋ねた私に、小林（栄三、統制委員会委員長・常任幹部会委員＝引用者注）たちは唖然《あぜん》、といった表情を浮かべた。そんな言葉が出てくることすら考えられない、という表情だった。重ねて、『プライバシーの保護は？』と聞くと、返ってきた答えは『そんなものあるわけないじゃないか』だった」「私のように、警察のスパイになろうとしていた、という嫌疑が一度かけられたら、それを覆《くつがえ》すのは難しい。通常の裁判では『疑わしきは罰せず』であるのに対し、共産党では『疑わしきは罰する』だからだ」「査問においては、嫌疑を抱き訊問《じんもん》をする検察官と、是非を判断し審判を下す裁判官は同一人物なのである。加えて弁護士もいない、証人もいない。中世の魔女裁判と同じ構造なのである」と。そして、こう結論する。

「現在のように、共産党が小さな野党として政府与党を追及している限りは、一定の存在意義はあるだろう。……しかし、ひとたび権力の側に回ったら、これほど怖い政党はない。そこには思想の自由、良心の自由などひとかけらもないのだ」と。

兵本氏は、その著『日本共産党の戦後秘史』の中で、こうも言っている。

「私も『査問』というのをやられたが、これはこの党の党創立以来の伝統で、……戦前はリンチで殺してしまうこともよくあった。戦後は、さすがに殺害するというケースは、少なくなったようであるが、それでも、簀《す》巻《ま》きにして、もう少しで橋の欄干《らんかん》から、川へ投げ込まれるところであったという程度の話は『先輩』から、何度も聞かされた。何と恐ろしい政党だろう。ごく普通の人間、小市民とか、プチブルなどと言われる人はこの政党だけは入ってはいけないと思う。明日は何が起こるか分からない。突然『査問』に呼び出され、『お前は警察のスパイだ』と言われる。そして、抗弁しても『まず君が自白しなさい』とくる。……こういう事は、共産主義の国家では、ソ連でも、中国でも、現に北朝鮮でも、何十万回、何千万回となく繰り返され、そして、何百、何千万という人たちが殺された」と。

●「人権の党」の看板もウソ・偽り

兵本氏が日本共産党から「除名」処分を下されたのは1998年8月のことであるが、この処分について、共産党と社会主義の問題に詳しい金子甫《はじめ》・龍谷大学名誉教授は「共産党が政権を握っていないことが幸いして殺されずに済んだ」（『幻想と批評』第7号　2007年5月発行）と評している。前述した「査問」実体験者の川上徹氏や高野孟氏らの言葉も含め、同党の「査問」の酷薄非情・過酷峻烈さが浮き彫りになるというものだ。

こうした日本共産党による「査問」実態は、同党が国民の前で唱えている「平和と民主主義の党」「人権の党」などという看板とは、全く相反することは歴然としている。密室的な同党内での出来事とはいえ、これまでに世間で大騒ぎされ、深刻な社会問題として公然化されてこなかったのはむしろ不思議なくらいである。「査問」対象者の〝解放〟条件「外界との一切の連絡の禁止」（川上徹『査問』）や、〝解放〟後の威嚇的尾行・監視、もし抗議や批判の声を上げようものなら「反党分子」「転落者」「変節者」「裏切者」といったレッテルを貼り、罵声を浴びせる人格攻撃など〝口封じ〟〝猿轡〟の抑圧体制がよほど強いのだろう。

「査問」の実態暴露者は党を除名されたり、離党者に限られているが、かつて日本共産党の「ナンバー4」と呼ばれた筆坂秀世氏（元常任幹部会委員、書記局長代行、政策委員長）は同党離党後、「共産党からはめられていた猿轡」をはずして同党の〝内情〟を記した『日本共産党』（新潮新書　06年4月刊）の中で、「共産党は、党を離れた人間、党を除籍された人間をすべて『黒』にしてしまう。そして『自分たちだけが真っ白』だという。……国民は、日本共産党のそういうところに胡散《うさん》臭さを感じるのである」と記している。

もちろん、筆坂氏は「転落者」「裏切者」呼ばわりされた一人である。

それにしても、同党の「査問」によるあからさまな人権蹂躙・人権侵害は、日本共産党こそが、「前衛」記事で言う「表と裏の言動の落差」「建前と本音の違い」「国民への説明と実際の言動との相反」「外面と裏の素顔があまりに違いすぎる」党そのものであることを見せつけるものではないのか。「外面如菩薩内心如夜叉」とはまさに日本共産党自身のことであろう。

ここに挙げた、日本共産党による「拉致」「監禁」「査問」「リンチ」や、日本社会を震撼させたテロと暴力革命の武装蜂起・軍事闘争などは、同党90年余の歴史の中での、ごく一例にすぎない。前出の立花隆氏の『日本共産党の研究』や兵本達吉氏の『日本共産党の戦後秘史』には、同党が犯した犯罪的愚行の類いが山ほど紹介されている。枚挙にいとまがないほどである。「前衛」記事執筆者は、それらを頭から毛嫌いして「反共」視するのではなく、真摯《しんし》に向き合い、自党を客観視する縁《よすが》にしたらどうか。

日本共産党は「21世紀の早い時期に民主連合政府を樹立する」と宣言している。その実現をめざすためには同党にこびりついた数々のマイナスイメージを解消する必要があるだろう。「査問の党」という陰湿・暗黒イメージの是正も、その一つの課題のはずだ。本当は、自らも過去に「査問」で暴力被害を受けたとされる不破氏が現職の党委員長として、日本記者クラブで「査問」に関する質問を受けた際、その実態調査と結果の公表を語るべきだったろう。

ところが、社会的批判を浴びることを恐れてか、また同党固有の隠蔽《いんぺい》気質が頭をもたげたからか、前述のように一遍の遁辞でごまかしてしまった。否、それどころか、兵本氏が告発したように、不破氏が党議長という最高首脳でいたその体制下で、白昼堂々「査問」が実施されていた。その後やったことは、「査問」では世間的に聞こえが悪いということからか、それを「調査」と名称変更して堅持しているのである。姑息な欺瞞的態度という以外にない。今後とも「査問」ならぬ「調査」による人権蹂躙被害は再生産されるだけだろう。

というより、日本共産党が共産党として存続するためには、「査問」制度は不可欠なのだろう。同党の組織原則である「民主集中制」は、「すべての党員は、党の決定を無条件に実行し、個人は組織に、少数は多数に、下級は上級に、全国の党組織は党大会と中央委員会の指導にしたがわなければなりません」（『共産主義読本』）とされ、同党規約にもその旨が明記されてきている。これは日本共産党のみならず、世界中の共産党の共通原則とされてきたものだ。この徹底した軍隊的な〝上位下達〟の制度により、党の決定を批判したり、異論を唱えることは一切許されず、分派を作ることも厳重に禁止された。そしてこの鉄の組織原則を貫徹する手段として「査問」制度が設けられているのである。

しかし、民主集中制の帰するところは党中央絶対であり、独裁制のシステムであり、それは「党の統一を守るのには役立ったが、一方で党内民主主義を抑圧・破壊する」組織原則であるとして、イタリア共産党が1989年に放棄、スペイン共産党が91年に、フランス共産党が94年に放棄した。その後、90年代のソ連・東欧の社会主義崩壊、そして土台となるマルクス・レーニン主義それ自体の破産が明らかになったことにより、欧州各国の共産党と東欧9カ国の共産党は軒並み解党、崩壊、あるいは解散して新規出直しの道をたどったのだ。

●「共産政権下だったら、殺されている」と

今日、この「民主集中制」を堅持しているのは現存している四つの社会主義国（中国、北朝鮮、ベトナム、キューバ）の共産党と、ポルトガル共産党、それに日本共産党だけである。日本共産党は現に「党規約」にしっかり明記しており、同時にセットとなっている「査問」（＝調査）も堅持しているのである。その意味でも、日本共産党はまぎれもない独裁志向の「革命」政党であるということだ。

「もしわが国が共産党政権下だったら、自分は殺されている」――実体験者がそう口にし、畏怖した「査問」制度を堅持している日本共産党が、国民に向け満面の笑みを浮かべて「平和と民主主義の党」「人権の党」であるなどと触れ回る欺瞞的態度こそ、「外面如菩薩内心如夜叉」に他なるまい。

2 当面・9条完全実施（自衛隊解消）、先行き・改憲し「自衛軍創設」めざす矛盾

核兵器や弾道ミサイルなどの開発と拡散、各国間のパワーバランス（力関係）の変化、国際テロの脅威など、日本を取り巻く安全保障環境が大きく変化し、より厳しさを増す中、国民の生命と暮らし、国の平和と安全を守るには、どう備えたらいいのか――そうした新たな情勢に的確に対応できる国の防衛体制を築くための、安全保障法制整備に関する閣議決定が２０１４年7月1日、安倍内閣で行われた。

「国の存立を全うし、国民を守るための切れ目のない安全保障法制の整備について」と題する閣議決定である。それに基づき、政府内で新たな安全保障法制整備に向けて関連法案が検討され、近く国会提出の方向だ。政府・与党として、国民の生命と国の平和を守り抜くために、「万全の備え」として、切れ目のない国内法整備に取り組むのは当然のことである。

この取り組みに当たり、舞台となった与党協議会において、公明党は憲法の平和主義の原則を守るよう一貫して主張し、「7・1閣議決定」と、それに基づく「安全保障法制整備の具体的な方向性」についての与党合意（15年3月20日）に、公明党の主張が強く反映されたことは周知の通りだ。

上記の閣議決定に対しては、「現実を見据えた解決への一歩」（川上和久・明治学院大学教

授）、「（憲法が許容する）個別的自衛権の今まで欠けていた部分を補完、拡充するもの」（劇作家の山崎正和氏）といった評価や肯定論が多々出された。

また公明党の取り組みに対しては「戦後日本の伝統である平和重視を体して、政府が不用意に跳躍するのをチェックしつつ、難しくなった安全保障環境に日本が堅実に対処するようリードしたと思う」（五百旗頭真《いおきべ》・熊本県立大学理事長＝前・防衛大学校長）、「公明党の取り組みは、日本の平和と繁栄にとって大いにプラスになったと評価したい。当初、安倍晋三首相の姿勢には前のめりの印象があったが、閣議決定は安定した仕上がりとなった。公明党が『平和』という立脚点を外さず、憲法との規範性、政府解釈との論理的整合性などを厳格に問い続けてきた結果だ」（小川和久・静岡県立大学グローバル地域センター特任教授）、「公明党が〝平和の党〟として、憲法の平和主義を堅持しつつ、現実的な対応を行ったことを高く評価したい」（坂元一哉・大阪大学教授）等々のコメントも寄せられた。

●「自衛隊違憲・解消」が共産党の政策

むろん、反対論、否定論も出されている。宿題や正すべき課題があれば、きちんと向き合うのは当然だ。建設的意見や真っ当な論評に対しては耳を傾けるべきだ。しかし中には、批判のための批判、悪罵《あくば》、罵倒《ばとう》の類いもある。批評とか評論で問われるのは、論者の立場、基本的立脚点である。

日本共産党機関誌「前衛」（14年11月号～15年1月号）での公明党批判記事（以下「前衛」記事）は、その点どうか。全63ページに及ぶ同記事中、23ページも割《さ》いて取り上げているのが、「7・1閣議決定」とそれに関する公明党批判である。

しかしその内容たるや〝空疎〟の一語に尽きるのだ。なぜなら、最初から公明党敵視の立場であり、かつ日本共産党の安全保障政策の立脚点は「日米安保条約廃棄」「自衛隊違憲・将来解消」であり、今日の日本政府や公明党の安全保障政策と180度も違う正反対の立場に立っているからである。いわば二重の意味での否定形に立っている。

従って、初めに〝結論〟ありきで、あとはひたすら罵倒するのみである。公明党を貶《おとし》め、批判し罵倒するとの目的に合わせて、「閣議決定」批判の記事や論者のコメントをかき集め、それも自らに都合のいい部分だけつまみ食いするという、あざとい手法を駆使してだ。そこには一片の客観性もなく、ただただ悪罵・罵倒のみのプロパガンダ（政治的意図を持った宣伝）にすぎないのである。

例えば、こうである。「日本が海外で戦争する国＝海外での武力行使に本格的に道を開くことになった集団的自衛権の行使容認に、公明党が決定的に舵を切った」、「公明党は歯止めになるどころか、閣議決定の内容を主導するなど、自民党以上に罪深い役割を果たす結果となった」、「『平和の党』という公明党の看板は、今回、集団的自衛権の行使を容認する以前から、『偽《いつわ》りの看板』だった」、「公明党の看板は早晩『平和の党』から『戦争の党』に塗り替えられることになろう」等々である。

「7・1閣議決定」は、憲法9条の下で許される武力行使は、「わが国に対する武力攻撃が発生した場合」と、また「わが国と密接な関係にある他国に対する武力攻撃が発生し、これによりわが国の存立が脅かされ、国民の生命、自由及び幸福追求の権利が根底から覆《くつがえ》される明白な危険がある場合」も、これに当たるとしている。

この「わが国と密接な関係にある他国に対する

武力攻撃が発生」の場合も、武力の行使は「わが国を防衛するためのやむを得ない自衛の措置として初めて許容される」としており、あくまで自国防衛に限った措置である。外国の防衛それ自体を目的とした集団的自衛権は認めていない。「専守防衛」という、わが国の安全保障政策の基本は何ら変わっていない。

安倍首相も「海外派兵は一般的に許されないという、従来からの原則も全く変わりありません。自衛隊がかつての湾岸戦争やイラク戦争での戦闘に参加するようなことは、これからも決してない」「日本国憲法が許すのは、『わが国の存立を全うし、国民を守るための自衛の措置』だけだ。外国の防衛自体を目的とする武力行使は行わない」と断言している。国会答弁でも、同趣旨の見解を繰り返し表明している。「海外で戦争する国づくり」という日本共産党の宣伝は、的外れも甚だしいものである。

日本共産党は、ＰＫＯ（国連平和維持活動）協力法制定の時も、「自衛隊海外派兵法」「アメリカの『世界の憲兵』戦略のために日本国民の血を流させるもの」などと大騒ぎしたことがある。１９９２年に日本がＰＫＯに参加してから既に23年、ＰＫＯが国連の「平和の特使」とでも言うべき存在であることは国民周知の事実となっているが、独り日本共産党だけは以前の認識のままである。ＰＫＯ協力法の制定を推進した公明党に対し、「前衛」記事では「海外派兵の道を開き、拡大してきた」などと攻撃してやまないのだ。度し難い時代錯誤《さくご》（アナクロニズム）という以外にない。

要するに「自衛隊違憲・解消」の立場に立っているので、こと自衛隊に関する法制や行動については、それが平和目的であれ何であれ、頭から反対し、否定するというのが、日本共産党の一貫した態度であるということだ。

●共産、現憲法制定に反対した唯一の党

日本共産党は、「21世紀の早い時期に民主連合政府を樹立する」との方針を掲げている。当初は「1970年代の遅くない時期に」ということであったが、遅れに遅れて既に40年以上経っている。その実現可能性の有無は別として、民主連合政府の段階で、まず日米安保条約を廃棄し、その後に〝憲法の平和的条項（9条）の完全実施〟名目で、自衛隊を解消するとしている。その時のわが国は、〝非武装・非同盟中立〟の「軍事的真空状態」となっており、もし万一、他国からの急迫不正の侵略が起きた場合、どうするか、ということが大問題となる。従来、同党は、「警察力の動員」と「国民の抵抗」によって対応すると説明してきた。同党の政策責任者を務めた筆坂秀世氏が、「当時、『竹やり』論などといわれた」（『日本共産党』新潮新書　2006年刊）と指摘しているように、非現実的な無責任論ということだ。

では、日本共産党の安全保障政策は以前から旧社会党と同様な〝非武装・中立〟の立場だったのかといえば、そうではない。同党の不破哲三・政治外交政策委員長（当時）らは旧社会党の「非武装・中立」論に対し、「批判をもっている」とし、「日本の自衛権の発動を縛ってしまうということに疑問を感ずる」「なぜわれわれの自らの手を縛る必要があるのか」（『〝社会党政権〟下の安全保障』毎日新聞社　1969年2月刊）と糾《ただ》していた。不破氏はまた、社会党の非武装中立政策の「決定的な弱点」として、「日本が『非武装』政策をとれば、『侵略される危険はなくなる』などという根拠のない〝希望的観測〟にもとづいて、……外国の侵略の危険から国の主権と独立をまもる自衛権の発動を将来にわたっていっさい否定してしまうことが、きわめて

非現実的で観念的な空論であって、日本の安全と平和にたいして真剣に責任を負おうとする態度でないことは、明瞭」（「前衛」69年1月号）と指摘し、「無責任な議論」（同）と真っ向から否定している。あるいはまた、同党は「侵略をうけた民族や国が侵略を撃退するための自衛戦争を余儀なくされる場合があることは自明のことです」（「赤旗」92年6月13日付）とし、「自衛戦争」を当然視していた。

そもそも、同党は46年の制憲議会において、政党として唯一、現行憲法の制定に反対した。反対理由として、天皇条項とともに、第9条を真っ向から批判して、後に同党議長となる野坂参三氏が「我々の考えでは、戦争には正しい戦争と不正の戦争との二種類がある。……戦争一般放棄という形でなしに、侵略戦争の放棄とするのが的確ではないか、と我々共産党は主張している」（簡略）と述べ、「自衛戦争」を認めるべきだと発言した。そして、第9条に対し、「一個の空文にすぎない」とコキ下ろし、「我が党は民族独立のためにこの憲法に反対しなければならない」と表明したのである。

●社会主義憲法下で「自衛軍」創設謳《うた》う

日本共産党の今日に至るまでの路線・政策の根幹となっているのは「61年綱領」（1961年制定）であり、同綱領では、現行の資本主義の枠内での「民主主義革命」の実現、それを〝連続的に急速にひきつづき発展させ〟て「社会主義革命」を実現させるという「二段階連続革命」論を掲げている。それに基づき、安全保障政策としてまとまった方針を発表したのが、「日米軍事同盟の打破、沖縄の祖国復帰の実現――独立・平和・中立の日本をめざして――日本共産党の安全保障政策」（「赤旗」68年1月8日付）と題する政策である。

同安全保障政策では、「現在の憲法のもとで国が軍隊をもつことは正しくない」としながらも、こう言明している。「将来、日本が、独立、民主、平和、中立の道をすすみ、さらに社会主義日本に前進する過程で、日本人民の意思にもとづいて、真に民主的な、独立国家日本にふさわしい憲法を制定するために前進してゆくことは、歴史の発展からいっても当然のことである。そして、そのとき日本人民は、必要な自衛措置をとる問題についても、国民の総意にもとづいて、新しい内外情勢に即した憲法上のあつかいをきめることとなるであろう」と。

そして、アメリカとの軍事同盟がなくなり、自衛隊も解散させた後の、日本防衛の問題について、「(共産党は) これまで、日本民族が、自国を外国の侵略からまもる固有の自衛権をもっていることを、否認したことは一度もない」「他のすべての主権国家と同じように、かちとった政治的独立をまもるために、必要適切な自衛の措置をとる完全な権利をもっている」と強調していた。つまり、現行憲法下の自衛隊は違憲であり、解散させるが、将来、自分たちが国家権力を握ったあかつきには、社会主義日本の憲法を制定し、「必要適切な自衛の措置」すなわち自衛軍を創設するとしている。

●共産政権擁護のための〝私兵〟的軍隊⁉

その自衛軍も、「かちとった政治的独立をまもるために」を名目としていることは不気味である。共産党政権擁護のための「私兵」視されてもおかしくない。現に同党の宮本顕治元委員長は「人民の統一戦線政府を樹立した場合、革命内乱者を反徒とよべることは、統一戦線政府にとって政治的にも法的にも有利だ」(『日本革命の展望』) と力説しており、日本共産党の革命政権下で発足する自衛軍は、反共産勢力を一掃するための強力な弾圧の手段として使用される恐れがある。

日本共産党は、73年11月の第12回党大会で決定した『民主連合政府綱領についての日本共産党の提案』を発表するにあたって」でも、こう明記していた。「日本共産党は、将来、日本が独立、民主の道をすすみ、さらに社会主義日本をめざして前進していく過程で新しい憲法が必要となったさい、国民の総意にもとづいて、最小限の自衛措置をとり、憲法上のあつかいもきめることを主張している」と。

不破氏の実兄の上田耕一郎・外交政策委員長（当時）も、「民主連合政府のときはいまの平和憲法はいじくらない、……やがて社会主義へ進むときには国民の総意にもとづいてニッポン国は憲法を改正することになる。……そしていまの自衛隊は、それまでの段階ですでにクビ、つまり解散させられている。中立自衛のための軍隊をあらためて持つことになる」（「週刊サンケイ」臨時増刊73年3月6日号）と語り、自衛隊解散後に「軍隊をあらためて持つ」と明言している。

不破哲三委員長（当時）も、劇作家の井上ひさし氏との対談集『新 日本共産党宣言』（光文社 99年3月刊）の中で、「（自衛隊解散時に）日本の主権をおかすような相手があらわれてきた場合には、主権侵犯を許さず、あらゆる手段をつくして自衛の措置をとるのは、日本の国民が持っている固有の権利です。……異常な事態が、万が一にもすすみはじめたとしたら、そのときには、異常な事態に対応する特別の措置として、緊急に軍事力を持つなどの対応策をとることが必要になる場合も出てきます。憲法は『戦力』の保持を禁止しているが、異常な事態に対応する場合には、自衛のための軍事力を持つことも許される」とし、「自衛の措置」＝自国防衛戦争を当然視し、そのための「自衛のための軍事力を持つ」と明言している。

●9条完全実施（自衛隊解消）は〝過渡的〟と

不破氏は、かつてこうも言っていた。「もちろん、憲法の非武装政策や中立政策は恒久的な固定的なものではない。……国内で帝国主義の政治的・経済的基礎が一掃され日本帝国主義の復活の危険が消滅した時期に、自衛のための軍備の問題が日程にのぼってくることが当然予想されるが、この問題はおそらく社会主義憲法への全面的な変革のなかで合法的に解決することができよう。その意味で、『憲法の平和条項の完全実施』という政策は明らかに過渡的性格をおびている」（「現代の理論」第一次創刊号59年）と。つまり、憲法の「平和条項（＝9条）の完全実施」は〝過渡的〟なものであり、「非武装・中立」は〝恒久的・固定的〟なものではない、社会主義憲法下で「自衛のための軍備」＝自衛軍創設という問題が起きてくる、と端的に述べており、同党の安全保障政策はその言葉通りの展開となっている。

上記のように、当面・現憲法擁護（平和的条項の完全実施で自衛隊解散）→将来・現憲法廃止（＝9条廃止）し、社会主義憲法下で自衛軍創設——というのが日本共産党の確固とした革命戦略である。「中立・自衛（武装）」が同党の一貫した安全保障政策である。

●論理的に破綻《はたん》の〝軽業師〟のような提案

日本共産党政権下で予定している安全保障政策がいざ断行されるとなれば、国内外に大激動を及ぼすことは必至であろう。日米安保条約廃棄一つを見ても、日米関係や国際社会に及ぼす影響は計り知れないものがある。

その上で、自衛隊を解消するとしており、同党の民主連合政府提案では、「防衛庁設置法、自衛隊法を廃止し、違憲の自衛隊をすべて解散させる。転職を希望するすべての隊員にたいし、階級、地位のいかんにかかわらず、平和産業や官公庁への転職を政府として保障する。退職金は全額支給することはもちろん、官公庁、自治体、企業側の万全の受け入れ態勢を法制化する」としている。現在約23万人いる自衛隊員の処遇や、所有する航空機や艦船、戦車、ミサイルなどの兵器・装備の廃棄処理等々、経費的にも事務処理的にも、ケタ外れの膨大なエネルギーを要する大事業であり、その実行がどれほど大変で困難なことか。

しかも、大苦労して自衛隊を解散しゼロにした後で、今度は新たに制定する社会主義憲法下で「自衛軍を創設する」としている。当然、新たな兵員募集や、新たな兵器・装備の調達問題が起きてくる。日本共産党は民主連合政府を「21世紀の早い時期に樹立する」との方針を掲げている。「早い時期」とは2050年までと、不破氏も筆坂氏にそう語っていたそうだ（『日本共産党』）。常識的にもそうだろう。予定している安全保障政策の実行は、10年、20年単位の大仕事となることを考えると、残されている時間はそんなに多くないはずだ。その意味でも、同党はどんな手順、計画で、その大事業を遂行するつもりなのか、早急に国民の前に具体的プランを示す必要があるのではないか。

それにしても、想像するだけでも、二度手間の、壮大なロスを生じることは必至であり、その非現実性・政策的不毛性は誰が見ても一目瞭然である。現に同党の政策責任者を務めた筆坂氏も、「まずは『国民合意』で自衛隊を解散させ、そのあと『国民合意』で憲法を改定し、『国民合意』で新しい自衛軍を持つというのであるから、論理的には破綻した現実味の薄い〝軽業師〟

のような提案である。だが、ともかくこれが、当時の共産党の一貫した立場であった」(『日本共産党』)と酷評しているほどである。

ところで、筆坂氏は「おそらくいまの党員の多くは、こういう共産党の主張を知らないと思う」(同)とし、なぜなら1994年7月の第20回党大会で、「この立場の事実上の転換がおこなわれた」(同)からだというのだ。しかし、「おそらく党幹部も含めて、この大会で事実上の転換がおこなわれたと理解している党員は少ないだろう。なぜなら、そのような説明がなされなかったからである」(同)と述べている。

●「中立・自衛」政策転換？　単なる偽装？

では、どのように「事実上の転換」がなされたのか。筆坂氏によれば、「『将来にわたって憲法九条を守る』ことを確認した。換言すれば、将来にわたって軍隊は持たず、侵略には警察力と国民の抵抗で対応するということである。これは従来の『中立・自衛』政策の事実上の転換といってよいものだった」(同)としている。

むろん、それは筆坂氏個人の私見であり、実際に同党が政策転換したのかどうかは不明だ。

そこで問われるのは、筆坂氏が観測するように、日本共産党は従来の「中立・自衛」政策を本当に転換したのかどうかである。もし本当に転換したと言うなら、その理由は何か。なぜ、党大会という公式の席上できちんと説明し、転換したことを明言しなかったのか。政策の〝大転換〟を「党幹部も含めて理解している党員は少ない」ということは異常事態のはずであるが、そう思わないのだろうか。それとも、明言しなかったのは、実際には転換などしておらず、従って言葉に出して言う必要もなく、ただ口をつぐんで表向き隠しているだけなのか。そうだとすれば姑息すぎるし世間を欺《あざむ》くやり方であるが、あえて表から「隠す」理由は何か。

日本共産党はいま「憲法9条を守れ！」と盛大に叫んでおり、国民の前で〝護憲の党〟のフリをしている。しかし、元来の「中立・自衛」政策は、当面・護憲であっても、先行き・現憲法廃止（9条も廃止）し社会主義憲法を制定して自衛軍発足、を意味するものであり、目下の国民向けの大宣伝とまるで正反対の矛盾する欺《ぎ》瞞《まん》的態度だからではないのか。

もし本当に旧社会党並みの「非武装・中立」の立場に変わったと言うなら、それは日本の安全保障政策として丸腰の〝竹やり〟論の立場に立つことを意味する。果たしてそれで日本の平和と安全を本当に確保できるのか。旧社会党の非武装・中立政策に対し、〝自らの手を縛る〟と批判した問題点はどうなるのか。不破氏はこうも言っていたのである。「責任ある政権を担当する党としては、たとえ、万一の危険性、一パーセント、二パーセントの危険性であっても、それについての回答は持たざるを得ないだろうと思う」（『〝社会党政権〟下の安全保障』）と。その認識は間違っていたのか。

それに「警察力」で対処というが、警察本来の任務は交通整理や犯罪捜査といった国内治安であり、急迫不正の侵略に対処するというのはスジ違いだ。外敵侵略に対処する装備など保持しておらず、常日頃、侵略に備える訓練も教育も受けていない。国内治安任務も中止することになる。それで本当に大丈夫なのか。甚だ疑問である。

●ご都合主義的な「自衛隊活用」論

筆坂氏によれば、6年後の2000年11月の第22回党大会で、「またまた事実上の転換があった」とされる。「その引き金となったのは、二〇〇〇年八月二七日のテレビ朝日『サンデープロジェクト』だった。田原総一朗氏が司会で、自由党の小沢一郎党首（当時）と不破議長の討論がおこなわれた。ここで不破氏が、生放送中に自衛問題で小沢氏と田原氏に追い詰められてしまった」（『日本共産党』）からだそうだ。「敵が攻めてきた」時、「自衛隊がなかったらだれが（自衛の行動を）とるのか」という問題についてである。

そこで22回党大会で、自衛隊が違憲の存在であるとの認識は変わらないものの、民主連合政府下でも自衛隊が一定期間存在することは避けられないとして、解消するまでの過渡的な時期に「急迫不正の主権侵害、大規模災害など、必要にせまられた場合には、存在している自衛隊を国民の安全のために活用する」との「自衛隊活用」論を打ち出した。筆坂氏によれば、「自衛隊活用論であると同時に、実は、事実上の自衛隊『容認』論への転換という意味合いをも持っていた」（同）としている。当時、筆坂氏は同党の政策委員長で、党内「ナンバー4」といわれた最高幹部の立場にあったが、それでも「事実上の」と述べているように、筆坂氏の個人的見解の域を出ていないようだ。党としての日本共産党の見解は、実際はどうなのか。筆坂氏の言う〝事実上の「容認」論への転換〟を肯定するのかどうか。恐らく同党自身は、否定するであろう。なぜなら、いままでの立論が全て総崩れするからである。

それに大体、日本共産党がいう「自衛隊活用」は、民主連合政府下では容認するが、民主連合政府以外の場合は、自衛隊は〝憲法違反の軍隊〟であるから〝急迫不正の主権侵害に対しても一切使用せず〟（１９９４年の第20回大会決定）と強調しており、その「活用」には反対する、自衛隊を使うべきではない、という立場である。

すなわち、自分たちの政府の場合だけは「憲法違反」でも目をつぶるというのだから、ご都合主義そのものである。また同党が「活用」する場合についても、有事の際の自衛隊の行動ルールを定めた有事法制に対し、同党は「戦争法規」として大反対したし、制定後もその廃止をずっと主張している。そのことにも一切目をつぶって、自分たちの政府の場合だけは〝超法規的措置〟として自衛隊活用は許されるというのだから、何とも虫のいい話である。

筆坂氏は、そのように曖昧《あいまい》模糊《もこ》とした日本共産党の態度を指して、「日本共産党の核とでもいうべき自衛隊政策が迷走している」「国の根幹に関わる安全保障、自衛隊問題でのこの無責任な迷走ぶりは、共産党がその自画自賛ぶりとは正反対に、とても政権担当能力など持ちえていないことの証である」（前掲書）と指摘している。筆坂氏ならずとも同党に政権担当能力があるなどとは誰も考えていないだろう。

●〝空理空論〟の志位委員長の希望的観測

ところで、日本共産党は、自衛隊を段階的に解消するとしているので、自衛隊活用はあくまで過渡期の一時的措置であり、やがて自衛隊は全て解消するということになる。その状態の時は「急迫不正の侵害」といった万一の事態はもう起こりえないと想定しているのだろうか。

「自衛隊活用」論を打ち出した22回党大会で、同党の志位和夫委員長は、こう述べている。「わが党は、そういう事態が起こることは、現実にはほとんどありえないと考えています。……『どこかが攻めてきたら』という机上の抽象論でなく、具体論で考えるならば、二十一世紀には可能になるというのが、私たちの確固とした展望であります。……日本の周辺の国・諸国ということを考えた場合に、アメリカ、朝鮮半島の韓国と北朝鮮、中国、東南アジア、ロシア――この五つの国・諸国と、民主的政権のもとで真の友好関係がつくられ、平和的関係が安定・成熟していく展望は、十分に根拠もあれば可能性もある現実的展望であるというのが、わが党の認識であります」と。

この志位委員長の言葉は、15年前の発言であるが、今も基本的に変わりがないのかどうか。「二十一世紀には……」としているので、仮に基調に変化なしとするなら、「急迫不正の侵害」は、「現実にはありえない」と断言している、その根拠は何か。また、日本を取り巻く諸国との間で「真の友好関係」「平和的関係が安定・成熟していく展望は、十分に根拠もあれば可能性もある現実的展望」としているが、一体、どんな「十分な根拠」「可能性もある現実的展望」なのか、具体的に示すべきだ。もし単なる希望的観測だとするなら〝空理空論〟の誹《そし》りを免れない。自らの日米安保廃棄・自衛隊解消政策による「非武装・中立」を合理化するために、辻褄《つじつま》合わせ的に理想的展望を語っているとしたら、これほど無責任な話はない。「政権担当能力」云々どころではないだろう。

●志位氏と不破氏の〝認識の落差〟歴然

不破氏は、前出の『〝社会党政権〟下の安全保障』の中で、「非武装・中立」論に対し、繰り返しこう牽制《けんせい》していたのである。

「国際情勢は、いろいろ変化するもので、一国の立場だけで全部の情勢がとりしきれるものではない。いろんな変化、……予想されない事態が起こるのも国際情勢なんだ。……日本が独立し、中立になった立場で、日本の自衛権の発動を縛ってしまうということに疑問を感ずる」「米国を中心にした、帝国主義の勢力が、日本が軍事同盟から離れて中立になり、米国にとって思わしくない方向に進んでいくとしたら、日本に対して一切干渉とか、侵略とかやってこないということを、いまから断言できるのか」「こちらさえ友好関係をとる態度をとれば、相手の方もそれに応ずるというふうに考えているのか」「日本の国内では、安定した政権が生まれたとしても、国際的には不安定な情勢が日本のまわりに生まれることはあり得る……世界からいっさい戦争や侵略の勢力がなくなっちゃえば、あり得ないといえるけれども……万一、その危険を想定した場合には、という議論が絶えず出てくる」……

不破氏は、より率直に、前述のように、「きわめて非現実的で観念的な空論」「無責任な議論」(「前衛」69年1月号)とも指摘しているわけだが、この不破氏の認識と、志位委員長の将来展望との間には、相当の懸隔《けんかく》がある。それでも「非武装・中立」で全く心配はないというのだろうか。

●「革命」実現の障害物・在日米軍と自衛隊

さて、日本共産党の場合、同党の路線・政策の土台、基本は、社会主義革命実現を目的とするものであり、そのための「革命」権力奪取にあることはまぎれもない事実である。むろん安全保障政策もその観点から策定されている。それに照らすと、同党がなぜ、日米安保条約廃棄・自衛隊解消＝「軍事的真空状態」の現出にあくまで固執するのかが分かるというものだ。つまり、社会主義革命をめざす上で最大の障害になるとみられるのが在日米軍と自衛隊だからである。

すなわち、同党はこう言っているのである。

「わが国で革命の発展を展望する場合、けっして無視することのできないのは、日米安保条約にもとづく在日米軍の存在である」「統一戦線政府が樹立されたとしても、自衛隊、警察、さらに在日米軍などの暴力装置を中心に、国家権力の主要部分をにぎる米日支配層が、この権力を活用して必死の抵抗と反撃を組織しようと（する）」「アメリカ帝国主義と日本独占資本が、あらゆる手段をつかって、反帝反独占の諸政策の実行を妨害し、統一戦線政府の存続そのものを否定しようとする」(日本共産党中央委員会出版局発行『極左日和見主義者の中傷と挑発』＝67年4月29日付「赤旗」紙上に評論員論文として発表され、準綱領的文書とされ、党員学習の独習指定文献とされた。以下「4・29評論員論文」）と。日本共産党が「革命」を遂行しようとした場合、日米安保条約に基づいて在日米軍と自衛隊が「一定の条件下で軍事的干渉にでる法的根拠がなおのこされている」（同）ことから、これをあらかじめ排除しようということではないのか。

同党は、また、こう言っている。「日本革命の敵、アメリカ帝国主義と日本独占資本は、現在、まだまだ強力です。それは、一六万の警察力、二六万の自衛隊、それにアメリカの駐留軍、その他の国家機構によってささえられています。こうした米日支配層をうちたおして革命の勝利にいたる……」(下司順吉・中央委員会幹部会委員、「前衛」68年4月号巻頭論文）と。

つまり、警察力、自衛隊、在日米軍などは「革命の敵」をささえる暴力装置であり、「革命の勝利」のために暴力装置である警察力を縮小し、自衛隊を解体し、日米安保条約を廃棄して在日米軍を撤収させる、としているのである。全ては「革命の勝利」のためなのである。

同党は、あるいは、こうも言っている。「革命の根本問題は、国家権力の問題であり、日本を支配している権力を打倒し、あるいは排除して、それにかわる権力をうちたてる場合、おもな敵がなんであるかを明確にすることです。

……具体的にはアメリカ帝国主義者を日本から駆逐し、日本独占資本の支配を打倒することです。……日本人民が権力をにぎるにはアメリカ帝国主義を日本から駆逐しなければならない」（第17回党大会「日本共産党綱領の一部改正についての報告」で吉岡吉典・中央委員会常任幹部会委員　85年11月21日）と。

●〝革命の足場〟作りが民主連合政府の任務

いうところの「アメリカ帝国主義者」を象徴する実体は、日米安保条約に基づく在日米軍の存在であり、自衛隊や警察もその在日米軍に従属し事実上その指揮統制下に置かれているというのが、日本共産党の見解である。つまり、革命を遂行し、「権力を握る」には最大の障害となる「アメリカ帝国主義者」を「排除」「駆逐」することが欠かせないとしているのである。

従って、日本共産党の民主連合政府の最大任務は、まず日米安保条約の廃棄とされているのである。そして、引き続き、現憲法の「平和的民主的諸条項の完全実施」、すなわち自衛隊解体であり、さらに同党が過去に行った武装蜂起・軍事闘争などの暴力革命路線を契機に作られた「破壊活動防止法」（破防法）や、デモ・集会の事前届出や許可制をうたう公安条例、警察官職務執行法（警職法）など一連の治安関係法令の廃棄、公安調査庁など治安関係機関の縮小・廃止、警察制度の「民主化」、官公労のスト権奪還、政治ゼネストの合法化などを指していることは論をまたない。

そのように、日本共産党がめざす「革命」の邪魔になる存在や法律をなくして、〝革命の足場〟を築くことこそが、民主連合政府に与えられた最大の任務・役割なのである。それが「61年綱領」でいう「民主主義革命」の実内容である。

●共産が使う「民主主義」、〝一般の用法とは違う意味〟

「共産党の用いる『自由』とか『民主主義』ということばが、一般の用法とは違う意味で用いられている」(立花隆『日本共産党の研究』)と指摘されているように、同党がいう「民主的」とか「民主主義」なる言葉の意味内容は共産党の革命に直結したものということであり、「民主主義革命」とは、「それ自体社会主義的変革への移行の基礎をきりひらく任務をもつもの」(61年綱領)と明確に位置付けられているのである。

なお、日本共産党は、現在もなお「破防法」に基づく調査対象団体、すなわち「現行憲法秩序を破壊するような暴力主義的破壊活動をするおそれのある団体等についての調査」(尾崎道明・公安調査庁長官、2012年3月28日の参院法務委員会)の対象とされている。「共産党が今の綱領を根本的に変え、社会民主主義下の政党になる、平和的に革命ができる政党になると言えば(破防法の)規制の対象から外されると思うが、それが分からないので、しばらくの間お付き合いを頂いている」(石山陽・公安調査庁長官、1989年5月11日の参院予算委員会)とされているのだ。

●「革命」目的優先の党略的安全保障政策

冷戦終結後、既に4半世紀を経ているが、日本を取り巻くアジアと世界の情勢はめまぐるしく変化している。「世界の中の日本」として、どう生きるか。日本の安全、国民の生命と暮らしを、責任をもってどう守るか。政党・政治家は、そこに最大の思いを致すべきだろう。

しかし日本共産党は、日本が置かれている現実から政策立案をするのではなく、自党の革命戦略、革命目的実現の都合に合わせて国の根幹となる安全保障政策を構想しているきらいが強い。国家的見地からではなく、一政党の私的な都合、党略的観点を優先させているところにこそ最大の問題点と欠陥があろう。

同党は、こうも言明している。「『労働者階級は、できあいの国家機構をたんにその手ににぎり、それを自分自身の目的のためにつかうことはできない』(マルクス)ということ、すなわち民主主義革命であると社会主義革命であるとを問わず、官僚的、軍事的な国家機構の破壊が、あらゆる人民革命の前提条件であるということは、マルクス・レーニン主義の革命理論の根本命題のひとつである」(「4・29評論員論文」)と。

いうところの「労働者階級」とは共産党と同義であるが、そこに見られるのは国家機構への露骨な〝私物〟観である。同党は、その「革命」的見地から、「できあいの」軍事的な機構の破壊、すなわち日米安保条約廃棄・自衛隊解消を提唱しているのである。そして、「できあいの」軍事的機構の破壊後の、一時的な「非武装・中立」(=軍事的真空状態)の現出、その後の「自衛・中立」という展開となっており、先行き発足させる自衛軍は「自分自身の目的のために使う」私兵的な色彩を帯びる存在となるだろう。

日本共産党の安全保障政策は上記のように、日米安保条約廃棄にせよ、自衛隊解消にせよ、全ては同党の「革命」目的実現を起点とするものであり、日本が置かれている現実に立脚しての政策論とはなっていないのである。

同党の政策責任者を務めた筆坂秀世氏が日本共産党の安全保障政策に対し、「竹やり論」「論理的に破綻した現実味の薄い〝軽業師〟のような提案」「無責任な迷走」「政権担当能力なし」など指摘する、その現実離れした観念的・空想的な政策展開の根っこにある問題の所在はそこにある。

3 前衛政党と議会主義政党とは異質の〝水と油〟

公明党は1999年10月に自民党との連立をスタートさせてから、3年間の民主党政権時代を除き、今日まで既に12年余、連立与党の一員として、政権を担っている。連立政権の中で埋没することなく、政権内で「中道」の〝公明党らしさ〟を発揮している。自民党は大政党であるが、自公両党は共に連立のパートナーとして、互いに切磋琢磨《せっさたくま》し、相補い合い、合意形成を図り、政権運営に努めている。その意味では、相互補完、二人三脚といえるだろう。

それに関し、日本共産党機関誌「前衛」(2014年11月号~15年1月号)での公明批判記事(以下「前衛」記事)では、平野貞夫氏らの主観的な著作内容などを盛大に引用して、公明党が「結党当初から一貫した自民党補完勢力」「自民党との〝二人三脚〟」であるとし、公明党を罵倒《ばとう》している。平野氏は衆院事務局職員を経て参院議員になったが、後日に民主党所属参院議員として公明党とは与野党に別れて政治的立場を異にした。「前衛」記事が引用している平野氏の著作は、政界引退(04年)後の05年6月に相次いで出版された。当時野党であった民主党は自公政権打倒・与野党政権交代実現を最大目標としており、平野氏の著作はその目的に沿ったものと見なされるのが妥当であり、第三者の客観的論評とはいえない。

●独善的に他党を軒並み罵倒する傲慢《ごうまん》

ところで、日本共産党による、公明党に対する、この種の「補完勢力」「二人三脚」論は今に始まったことではなく、以前から繰り返されているものである。

それというのも、日本共産党は、資本主義打倒・社会主義実現を至上目的とし、その革命戦略から〝自共対決〟なるスローガンを一貫して掲げてきている。同党固有のイデオロギー的対決図式から、一方に資本主義勢力の代表として自民党を置き、その対極に日本共産党を配し、その間に存在する諸勢力を「中間政党」呼ばわりしてきたのである。とりわけ中道グループと目される公明党や旧民社党に対しては常々「補完勢力」「二人三脚」論的批判を展開してきた。また日本共産党とイデオロギー的な距離が近いと目される旧社会党に対しても、同党が共産党に同調しなかったり、政策距離的に離れたり、自民党に少しでも接近していると見れば、「右転落」「自民党補完物」などの罵声を浴びせてきたのだ。要するに、自らを勝手に「絶対正義」の高みに置き、同党のイデオロギー的尺度や同党の立場を基準にして、共産党以外の野党を「自民党補完勢力」「自民党補完物」「第二自民党」「自民党の走狗《そうく》」「自民党の手先」「反革新」「エセ革新」「エセ野党」「右転落」などと口汚く叫び散らしてきたのである。独善的で、傲慢な、思い上がった態度である。

●独断的、一面的な国家観、階級観

マルクス・レーニン主義を奉ずる日本共産党は階級国家観の立場に立っている。すなわち、「国家とは、もともと『階級支配の機関であり、階級が他の階級を抑圧する機関』(レーニン『国家と革命』)としてうまれたものであり、それは、『階級対立の非和解性の産物』です。これが国家の本質です」（日本共産党中央委員会出版局発行『共産主義読本』）と規定している。そのように、国家は支配階級（ブルジョア階級）のための機関であり、支配階級が被支配階級（プロレタリア階級）を抑えつけておくための制度・機構だとし、現代は「階級対立を単純にしたという特徴をもっている」「（敵対する二大階級に）ますます分裂していく」（同）と見ており、しかも二大階級は「非和解的」としている以上、革命実現のためにはプロレタリア階級がブルジョア階級を「打倒し、絶滅する」（レーニン『国家と革命』）というのが同党の革命戦略である。

●支配階級の「打倒・絶滅」めざす革命観

従って、同党からすれば、日本における支配階級・ブルジョア階級の代表は自民党であり、その打倒・絶滅対象の自民党と関係を持つ政党は〝通敵行為〟と映り、自民党の手先・走狗・共犯者・同調者であるとして断罪視するのだろう。誠に独断的で一面的な国家観・階級観であり、全てをオートマチックに黒白二分で「敵・味方」に還元する排他的画一的な独善主義だ。「前衛」記事が自民党と公明党の関係について延々と取り上げ、いかにも問題あり、問題ありと、目くじら立て騒ぎ立てるのは、そんな特殊な思考図式の反映だろう。

日本共産党は、自民党を、例えば「米日反動勢力の支配の代弁人、走狗であり、不正と腐敗、政治反動とファシズム、売国と侵略の党」（「前衛」１９６８年1月臨時増刊号）などと最大級に罵倒してきた。しかし、「中道」の公明党は、自民党に対し、共産党のように、そんな〝諸悪の根源〟〝反動の権化〟視する態度をとってはいない。同党におけるような、イデオロギー敵、階級敵、「革命」敵といったネガティブな壁や垣根など設けていないのである。

野党時代、公明党は「反自民」「非自民」を唱えたが、それは政権交代なき長期自民党一党支配に対してである。自民党による政権独占は政治の腐敗、停滞、政策的硬直化などをもたらすものであり、従って自民単独政権打破・与野党政権交代実現を求めての反自民、非自民のスローガンであった。93年の細川連立政権実現について、公明党が政局転換の先頭に立つ役割を演じたのもそれ故だ。

ただし、自民党自体については、比較第一党として、政権党として、国民多数が長年支持してきたことは客観的事実であり、それはそれとして尊重してきた。その存在を、共産党のようにイデオロギー的に、革命戦略的に全否定し〝不倶戴天《ふぐたいてん》〟視する態度はとっていない。自民党に対し〝是は是、非は非〟として対応してきた。同党の金権腐敗現象などに対しては誰よりも厳しく批判・追及してきたことは周知の通りである。

また、公明党の政策・主張と全部が全部一致していなくても、自民党政権による「原案素通り」を許すよりは、国民生活にプラスになることを一つでも二つでも勝ち取る方がベターであり、価値的であると考え、予算案や法律案で自民党との修正協議を行ってきたこともある。公明党は、政治とは、また政党とは、あくまで国民生活に一歩でもプラスの価値を現実に生み出すべきであると考えてきたからだ。公明党が自民党と捨て身で交渉して実現させた「非核三原則」の国是も、そうした対応によって可能となったものである。だが、日本共産党はそれがかった衆院本会議をボイコットし、事実上反対した。同党のように、棒を飲んだようにただ反対するだけでは何も生まれないが、現体制を変えない限り何も問題解決しないとする体制還元主義の立場から、目の前の現実・現状を一歩でも現に改革しようとする立場を「修正主義」「改良主義」などと蔑視《べっし》・罵倒してきたのである。

●中ソの核実験「防衛的・正しい」「断固支持」と擁護

そのような歪《ゆが》んだ思考パターンからか、公明党が「非核三原則」を実現させたことに対しても、「前衛」記事は言いがかりをつけているが、核開発・核実験について日本共産党が過去にどういう態度をとったか、少しは自らを見つめたらどうか。同党は「資本主義国の核兵器は侵略的で、社会主義国の核兵器は防衛的」との立場に立ち、ソ連や中国の核実験を「断固支持する」「正しい」などと評価した。アメリカの核は〝汚い核・汚い死の灰〟、ソ連や中国の核は〝きれいな核・きれいな死の灰〟だといわんばかりに叫んで、世間の物笑いになった。しかも、その歪んだイデオロギー的立場を大衆運動の中に持ち込み、「平和の敵はアメリカ帝国主義。友と敵を区別せよ」「いかなる国の核実験にも反対ということは、帝国主義と社会主義、戦争勢力と平和勢力とを無差別に同列視するような誤りを含み、日本の原水禁運動の正しい発展を阻害し、真の敵を不明確にする」などと叫び散らして、日本の平和運動や原水爆禁止運動を大混乱させ、分裂させたことは歴史的事実である。その犯した罪は誠に大きいが、日本共産党の責任についてどう思っているのだろうか。

前述のように、「中道」の公明党は野党時代、〝是々非々〟路線を取り、政権党の自民党とは、法案等の修正協議や合意形成、党独自の政策主張の実現要求や種々の申し入れなどを含め日常的に接触、折衝、交渉、協議といった諸活動、諸側面を伴うことになるが、日本共産党から見れば、それらの全てが気に入らず、「補完」「二人三脚」「反革新」「エセ野党」「反国民的」「走狗」「手先」などと映るのだろう。己の立場だけが絶対正しいという、傲慢で、思い上がった態度である。逆に公明党から見れば、反対・抵抗でしか自らの存在意義を示せない頑迷《がんめい》・硬直的な〝万年野党〟体質の救い難い病理をそこに見るだけである。

「前衛」記事では、平野氏の主観的・一方的な記述をタテに、87年の消費税国会で、公明党が「自民党の国会運営に全面協力した」とか、予算委員会開会や、採決での本会議出席などをヤリ玉に挙げて、公明党がいかにも消費税問題を党利党略の具として扱ったかのように描いているが、とんでもない話である。

公明党は、88年の竹下内閣での消費税初導入（税率3％）の際、民社党とともに本会議に出席して堂々と反対した。社会、共産、社民連の3党は本会議をボイコットした。その際、公明党は本会議出席に当たり、自民党側からの譲歩を引き出すべくギリギリの交渉を続けた結果、当時、戦後最大の贈収賄事件として大問題となっていたリクルート事件解明のための、焦点となっていた江副浩正リクルート社会長ら3氏の証人喚問実現、株譲渡に関わった政治家全リストの公開、衆院にリクルート問題調査特別委員会設置の〝3点セット〟を実現させたほか、4年後のキャピタルゲイン等の総合課税移行、退職金大減税（30年勤務で従来の非課税枠1000万円から1500万円に拡大）、寝たきり老人介護家庭への扶養控除拡大（＝減税）、また3年間でホームヘルパー倍増、ショートステイ・ベッド4倍増、デイサービス施設4倍増など、数多くの大型修正を実現させたのである。特にリクルート事件解明に果たした役割は大きく、時の竹下内閣は直後に退陣に追い込まれたのである。

●議会は「宣伝・煽動《せんどう》・暴露の演壇」と

重要法案への対応として、社会党や共産党は度々〝本会議ボイコット戦術〟を繰り返してきたが、そこから何が生まれたか。結果的に、自民党政権の「原案素通り」を許すだけではなかったか。〝強く反対した〟との国民受けを狙ったポーズは示せても、自民党側から何らの譲歩も引き出せず、自己満足に終わるケースが多かったのではないか。

そもそも議会政治は本来、審議・討論の場であり、審議拒否乱発や対決一辺倒の場ではない。合意形成、話し合いこそ本義であるはずだ。〝与党と没交渉〟や審議拒否戦術が正しいかのように見立てる日本共産党の立場は、見当外れも甚だしい。合意形成や修正協議の与野党折衝、与野党協議を「癒着《ゆちゃく》」「妥協」としか見られないのは、同党にとって議会とはそもそも「宣伝・煽動・暴露の演壇」「革命の条件を有利にするための道具」などとする、マルクス・レーニン主義的な歪んだ議会観の反映であろう。

仮に、本会議や予算委員会の出席に応じることが、まるで「制度作り」への加担とか政府・与党への協力であるかのように見なす同党流の論法に従えば、例えば福田康夫内閣時代、野党の民主、社民、国民新の3党は本会議をボイコットしたのに対し、共産党のみ出席して反対の態度表明をしたケースは何だったのか。2008年の揮発油税の暫定税率維持の税制改正法案(08年4月30日)、福田内閣不信任案(08年6月12日)、経済危機対策を盛り込んだ09年度補正予算案と関連の税制改正法案(09年5月13日)……などであるが、それらについて同党はどう説明するのだろうか。公明党に関してだけは、出席し反対の態度表明をしても、「加担」「協力」であると言い張るのだろうか。論理矛盾も甚だしい屁理屈だ。

消費税に対し、公明党は12年の野田内閣での再引き上げ（8％、10％）に際しては、当時、野党であったが、年々増大する社会保障関係費の財源確保のために、やむを得ない措置として、賛成した。一度も与党経験がない日本共産党だけは、消費税や社会保険料の引き上げに全て反対してきた。「何でも反対」の同党らしいが、即それは同党の無責任性を物語るものであろう。

同党が示す「消費税10％　きっぱり中止」なる「対案」――富裕層や大企業への優遇を改めるとか、大企業の内部留保の一部活用などの提案だ。一方で、社会保障関係について、「年金削減をストップし、低年金を底上げする」「国の責任で、高すぎる医療費の窓口負担や国民健康保険料の軽減」等々の〝給付は増やせ、負担は減らせ〟と訴えるが、その財源手当て案を含め、それらが経済合理性や実現可能性の観点から、真に検討に値するものかどうかは、問うまでもない。共産党関係者以外からは誰からも相手にされない、単なる国民受け狙いの域を出ない、非現実的提案であるといっても過言ではない。

以下の一文は、一ジャーナリストの指摘であるが、日本共産党にそのまま当てはまるのではないか。

「21世紀の日本の福祉は……常識的に考えれば、福祉にかかる金を抑え、他の支出も切り詰めつつ、段階的に増税してゆくしか選択肢がないことは、誰の目にも明らかなはずだ。日本の左翼および左翼支持者は、なかなかこの現実を認められない。弱者の味方を自称しながら、弱者こそ切実に必要としている福祉を、維持さらに拡充するには増税しかないという単純な理屈から目を逸らし続けてきた。……社民党、共産党といった左翼政党は『大企業や富裕層に対して増税すべきだ』という見当はずれのことを叫んでいる。……ヨーロッパの福祉先進国にせよ、21世紀に入ると少子高齢化と税収不足に苦労しているところが多い。日本の左翼政党はすでに周回遅れのランナーといえる。税金はアメリカ並みに安く、福祉は北欧並みに手厚く。それが希望なら、もはや魔法使いでも連れてくるしかあるまい」（及川智洋・朝日新聞記者『左翼はなぜ衰退したのか』14年10月刊）

●「人民的議会主義」は複数政党制認めず

「前衛」記事は、日本共産党が得意とするウソ、デマ、でっち上げが随所に散見される。

例えば、〝党大会の委員長報告の原稿を一国会職員に書かせる〟というのも全くのウソである。そんな事実は一切ない。悪質極まるデマである。また1989年10月30日に公明党が発表した「野党四党による政権協議への基本的見解」（マスコミ等で「石田ビジョン」と呼称）について、〈「石田ビジョン」のゴーストライターも平野氏だった〉などとも書いているが、これも真っ赤なウソである。公明党が発表した「基本的見解」は平野氏とは一切無関係であり、公明党内で独自に作成されたことはいうまでもない。公明党を貶《おとし》める悪質なデマである。

ところで、「前衛」記事が、わざわざ「石田ビジョン」を取り上げるのは、その趣旨を歪曲《わいきょく》して「議会制民主主義を否定し、戦前の大政翼賛会を現代に再現させるような主張」とコジツケ、公明党を反議会主義の政党であるかのように描こうとしているためのようだ。もちろん公明党は現行憲法下の議会主義の立場に立つ政党であり、それを否定するような見解を発表するはずもない。反議会主義というのは日本共産党の方ではないか。

同党は「人民的議会主義」をめざしており、

それは複数政党制・政権交代を前提とし制度化した現憲法下の議会制民主主義を否定し破壊して、その上に築くとするものであり、通常一般に言う議会主義とは全く異質の、正反対の立場なのである。共産主義研究家の兵本達吉氏は、こう指摘する。

「いくら『人民的議会主義』といって議会の上に『人民的』という形容詞をつけてみても、共産党は議会主義の政党ではないということである。共産党は、あくまでも革命のための政党であり、革命のため、人民を指導（リード）する政党であって、議会の中にあって、議会活動を主眼とする議会主義政党とは、根本的に違う政党なのである。……『木に竹を継ぐ』という言葉がある。日本共産党という前衛政党と議会主義政党とは異質のものであり、水と油のように混じり合うことはない。議会主義という言葉の上に、いくら『人民的』という形容詞を載せても無駄である」（『日本共産党の戦後秘史』）と。

さて、公明党が発表した「石田ビジョン」は、当時の与野党政権交代実現に向けての、野党4党（社会、公明、民社、社会民主連合）間の「政権受け皿」作りのための連合政権協議を行っていた際、野党第一党の社会党に対し政策面での「現実化路線」への転換を促すものであった。すなわち政策面で社会党以外の3党間ではほぼ一致をみていたが、しかし最終的に残った四つの基本政策について社会党は〝日米安保反対・自衛隊違憲・反原発・北朝鮮一辺倒で韓国と没交渉〟の立場であり、他3党間とはかなりの相違があった。そこで同党に対し現実化路線への転換を促し、のみならずこの時点でなお同党「規約」前文に「社会主義革命を達成し」と謳《うた》っていたように、同党が引きずってきたマルクス・レーニン主義的な「政策・路線の背後にある理念、世界観」の転換こそ、問われている本質である、と訴えたものである。

そのように論述するに当たり、「石田ビジョン」では、「野党に問われるのは……今日までなぜ与野党政権交代が実現できなかったかを真摯《しんし》に見つめ、この克服に努力することが重要である。それは野党が多数を形成し得なかったという『数』的側面の問題というより、政権交代を不可能としてきた『質』的側面に目を向けることである」と述べ、こう論じた。「議会制民主主義は本来、適宜な与野党政権交代を前提とする。ただし、議会制民主主義が機能するための不可欠の要件として、議会内諸政党間に、国の在り方に関する理念の共有が前提になければならない。言葉を換えれば、根本の政治観ないし世界観についてのコンセンサス（全会一致）が存在することである。そのコンセンサスから発する国家の枠組み、国政の基本方向、基本政策についての共通性、同質性が欠かせない。わが国に関していえば、西欧型の自由と民主主義を基調とする政治・経済体制での一致や、外交・安全保障政策での共通性などであるが、そうした〝共通の土壌〟あるいは〝共通の基盤〟の上で、内外の変化や国民の意思を反映して与野党政権交代が行われ、議会政治の在り方としても理性を尽くした審議・討論により国民的見地で合意形成を図るのが、本来的な姿である」と。

●共産党は連立・連合の対象外の党

日本共産党が、「前衛」記事が、今日から25年余前に発表された「石田ビジョン」に今さらながら目くじらを立て、反発するのも、肯《うなず》けるというものだ。同党は一貫して、公明党が主張した〝共通の土壌〟のらち外にあるからである。当時の野党政権協議で共産党が対象外とされたのも、その故である。日本共産党以外の政党は、その後、連立政権という形態ではあるが、いずれの党も政権担当を経験している。しかし、日本共産党だけは一貫して蚊帳《かや》の外である。同党は、公明党以外の党からも、〝共通の土壌〟のらち外の党とみなされている証左であろう。

ところで、公明党が「石田ビジョン」を発表した25年前当時、与野党政権交代の実現が野党各党にとっての最大テーマだった。「反共産主義」を党是としていた民社党は、最初から「共産党除外」を明確にしていた。公明党は野党間の政権共闘のあり方を模索する中で、元々は日本共産党の側から仕掛けられたものであるが、公・共「憲法論争」を行い、その結果として、日本共産党を連合政権のパートナーの対象外と判断した。

●共産党は当面〝護憲〟、先行き〝改憲〟の党

公明党は、野党間の共闘態勢を作るに当たり、綱領や将来展望、立党精神を異にする各野党が連合して政権を作る以上、単なる「政策の一致」だけではなく、「政権構想での大枠の一致」、つまり相協調し合う最大公約数的な〝共通の土俵〟〝共通のルール〟が必要と主張。その共通の土俵、共通のルールとしての要素が集約されているのが憲法であり、考え方の異なる野党間の最大公約数的な共通の土俵として、憲法改正を必要とするに足る時代や社会、国民総意の変化がない限り、現行憲法を将来ともに擁護すること、とりわけ現憲法の骨格を成す「憲法三原理」(恒久平和主義、基本的人権の尊重、主権在民)は人類の長い歴史の試練を受け、試され、確認され、戦後の日本国憲法に受け継がれた人類普遍の原理であり、日本が平和国家、民主国家として生き続けるために将来にわたって擁護すべきであるとし、そのことを大前提に据えるべきだと主張したのである。

実際、今日は連立・連合の時代であるが、そ

の連立政権が国家像・政治体制や重要基本政策での合意を欠く〝同床異夢〟状態なら、政権基盤は甚だ不安定となり、内部抗争や分裂の芽をはらみ、政権混迷・挫折の危険性を内包するだろう。現にそのことは〝党内バラバラ〟の民主党政権の失敗例が見せつけた通りである。

公・共「憲法論争」の詳細は省くが、ここで明らかにされたことは、日本共産党は「当面〝護憲〟、先行き〝改憲〟」の党であるということ。当面めざす「民主連合政府」では〝護憲〟を掲げるが、その先に描く「民族民主統一戦線政府」では現憲法を廃棄・破壊し、現行憲法の三原理とは全く異質かつ正反対的な社会主義の原理・原則に基づく別個の憲法に作り変え、わが国の国家機構や国会制度、裁判制度などを根底からひっくり返して、「日本人民共和国」「民主共和国」を樹立するとの方針を決定しているということである。

その「人民共和国」「民主共和国」にするというう、共産党が描く社会主義革命の姿とはどういうものか。同党の説明によれば、「経済的土台から上部構造まで」の一切、すなわち、これまでの国家社会の一切全部——政治、経済の機構、制度のみならず、「精神生活も、そのありかたが根こそぎに変革され……る社会の根本的な変化」（日本共産党中央委員会発行「月刊学習」68年3月号）をめざすとされるのだ。

●全国家権力握り、日本を「人民共和国」に〝改造〟

そのためには当然、強大な権力が必要となる。同党の説明によれば、「社会主義の国家権力は……プロレタリアートの独裁であって、この権力は反革命勢力を抑圧しながら……社会の規律を維持し、社会の成員を一層たかい共産主義的人間に改造してゆく使命をおびる」（日本共産党中央委員会出版部発行『日本共産党100問100答』68年版）とされる。同党はまた「……この独裁権力をテコにして社会主義建設をすすめる」（『共産主義読本』）としているが、このプロレタリアート独裁（＝プロ独裁）の権力について、レーニンは「直接に暴力（軍事力、警察力＝引用者注）に立脚した権力」「いかなる法律にも法規にも束縛されない無制限な権力」「他の何人とも分有を許さない権力」と説明している。

その説明の如く、共産党のめざす革命とは、単なる政権獲得ではなく、全国家権力の掌握――つまり、政府、裁判所、軍隊、検察、警察、監獄、国税庁、税務署、マスコミなどの全てを握り、その権力をテコに現行憲法を改変して、国家機構や国会制度、裁判制度などを根本的に変えてしまい、わが国を「日本人民共和国」にするというものである。さらに国民の思想面においても、「全人民を社会主義的に改造」（『共産主義読本』）して「全人民を組織」（同）し「社会の成員を一層たかい共産主義的人間に改造してゆく」（『日本共産党100問100答』68年版）とし、あるいは、「すべての人びとが共産主義の道徳を身につけ」（『共産主義読本』）ることを目標としているのである。

●連立・連合と相容れぬプロ独裁

そのような超絶対的な「プロ独裁」権力下で、かつ「全人民を社会主義的に改造」「共産主義的人間に改造」するとされる社会で、基本的人権の中核である「思想・良心・信条・信教・言論・出版・集会・結社の自由」が一体どこまで認められるのか。「異論」や「反対党」の存在がどこまで許されるか。甚だ疑問である。ひとたび「反革命勢力」と判定されれば、たちまち「抑圧」の対象とされかねない。「複数政党制」など全くのお飾りでしかあるまい。

公明党は、そのように公・共「憲法論争」の結果として、共産党は〝共通の土壌〟のらち外の党、つまり自由と民主主義の保障、議会制民主主義にとって不可欠な複数政党制の保障についても重大な疑念がある、また「連立」「連合」とは根本的に相容れない「プロレタリア独裁」主義に立脚している、さらに政策面でも同党との間に大きな相違があり過ぎることなどから、政権を一緒にやっていくことはできないと判断したのである。

前出の兵本達吉氏によれば、「もともとマルクス・レーニン主義というのは、暴力革命の理論である。それは階級闘争を徹底的に突き詰めていって、最後には暴力で権力を取ること、そして一旦《いったん》権力を奪取したら、暴力を無制限に行使して、革命の敵を粉砕すること、肉体的にも抹殺すること（プロレタリアートの独裁）である。議会を通じて権力を獲得するという西欧のマルクス主義は、社会民主主義という別の流れの社会主義であって、日本共産党は党創立以来、これを敵視し、目の敵にし、主要な打撃をこれに加えよと言ってきた」（『日本共産党の戦後秘史』）と端的に指摘している。

日本共産党は、そのように、どこから見ても普通の意味で言う議会主義政党では全くなく、公明党が「石田ビジョン」で与野党政権交代実現のために欠かせないとした、上記の〝共通の土壌〟のらち外にある政党だということは明白である。その構図は、今日でも何ら変わっていない。

日本共産党は昨今の数次の党大会で綱領や規約の「改正」を行い、「プロレタリアート独裁」を「プロレタリアート執権」と訳語変更し、さらに「労働者階級の権力」に言い換えたり、「マルクス・レーニン主義」を「科学的社会主義」に置き換え、あるいは革命の党を意味する「前衛」という言葉を規約から外し、また「社会主義革命」という用語もできるだけ使用を避け、「査問」を「調査」に言い換えるなど一連の〝用語いじり〟〝訳語の変更〟に精を出した。上辺だけは「普通の党」の〝顔つき〟をするということなのであろう。

そうした日本共産党のスマイル作戦、ソフト・イメージ戦略の集大成と目されたのが第23回党大会（2004年1月）での四十数年ぶりの同党綱領の「全面改定」であったが、それに対するマスコミ論評は、「穏やかな表現に変えたが、根本の路線はそのまま」「全面改定とは名ばかり」（「読売」社説）、「資本主義体制の転覆を狙う『革命政党』の本質は何一つ変わっていない」（「産経」主張）などと評した。

同綱領改定案が出された前年6月時点でも、「『社会主義・共産主義への前進』との基本方針を放棄したわけではない」（「朝日」）、「『革命路線』の根幹には手をつけず、文書の表現を全面的に書き改めて『現実的』『柔軟さ』をアピールするという腐心の見直し案」（「毎日」）、「マルクス・レーニン主義は堅持したまま」「現綱領の基本は変わっていない」「綱領を改定しても、共産党の持つ独善的とも言える体質は維持され、〝化粧直し〟にとどまるとの見方が強い」（「読売」）、「衣の下にのぞく〝よろい〟」「『革命政党』としての本質を変えるには至っておらず……擬態としか思えない」（「産経」）などと論評された。

●革命政党の根本路線は変わらず

そうした見方は当然だろう。04年の同党綱領の「全面改定」を主導した不破哲三議長（当時）自身が、それまでの綱領（「61年綱領」＝196 1年制定）について、「綱領の路線の正確さに確信をもつ」とし、「綱領の基本路線は、四十二年間の政治的実践によって（正確さは）試されずみ」と語り、あるいは「綱領路線の……正確さ、的確さは、それ以後四十年を超える情勢の進展とわが党の活動のなかで実証されてきました。今回の綱領改定は……この基本を引き継ぎながら……前進させたもの」と説明しているからである。綱領改定の趣旨は、「私たちがその正確さに確信をもっている綱領の路線が、文章のうえで、国民だれでもが読んでわかるような形で表現されているかというと、その基準から見るとまだまだ問題点があります」（不破哲三『報告集・日本共産党綱領』日本共産党中央委員会出版局発行）とし、〝国民が読んで分かるような表現にする〟ために改定するのだとしている。要するに、〝用語いじり〟〝訳語の変更〟と同じ線上の、単なる〝化粧直し〟であるということだ。

「革命」路線の基本に変わりがない以上、同党は前述のような〝共通の土壌〟〝共通の基盤〟のらち外の党であるとの構図に、今日も何ら変わりがないということである。

なお、月刊「公明」での連載・公明党の「50年史」でも触れたように、日本共産党は、同党側から公明党に仕掛けてきた「憲法論争」において、公明党は共産党からの質問項目に全回答したのに対し、共産党は公明党から出した質問状の七〇項目二〇〇余問の質問項目に回答不能状態となり、「こんにちに至るまで」の40年余、口をつぐんだまま未回答を続けている。全く不誠実で恥知らずな態度であることを、改めて指摘しておこう。

●憲法原則と無関係の〝エセ政教分離論〟

「前衛」記事では、公明党と創価学会の関係についても、歪曲して不当な中傷を行っている。かつての離党者らの一方的な言辞を拾い集めて、やれ「支配―従属関係」だの、「創価学会による、創価学会のための、創価学会の党」などと悪宣伝し、さらに「創価学会が公明党の存在をとおして権力を左右し、左右するだけでなく権力の側に身をおいて、その影響力を拡大することである」とまで愚にもつかぬ妄想をエスカレートさせている。

「創価学会のための党」などというのは、共産党が以前から叫んでいる〝つくり話〟にすぎない。同党のそんな愚論・迷論の根っこにあるのは、同党が憲法原則とは無関係な〝エセ政教分離論〟の立場に立ち、公明党と創価学会の関係を「政教一致」と決め付けていることである。周知のように、憲法第20条の政教分離原則とは、国家と宗教の分離、国家権力と宗教（団体）の分離ということであって、信教の自由を保障するために、国家は宗教に介入、関与してはならないということを規定したものであり、従ってそれとは次元の違う、政党と宗教団体、公明党と創価学会の分離などでは全くない。それは、現憲法制定以来の政府見解、最高裁の判示、わが国憲法学界の通説（多数説）として既に定着している。

ところが日本共産党は、そうした憲法の政教分離原則を全く無視し、政教分離の「政」を政党＝公明党、「教」を宗教団体＝創価学会とコジツケ、両者の関係を「政教一致」「政教一体」とずっと騒ぎ立てているのである。そして、今回の「前衛」記事のように、やれ「支配―従属関係」だ、「創価学会のための党」などと触れ回り、いかにも政教分離原則違反であるかのように悪宣伝しているのである。

この点について、例えば、江橋崇・法政大学教授（現名誉教授）は「公明党と創価学会の問題というのは、本質的に憲法問題ではないのです。……極端なことを言えば、仮に公明党が、直接的であれ間接的であれ、一つの宗教団体に支配されていたとしても、そして、そうした性格を持つ政党として公明党が政権に参加したとしても、それ自体は憲法的には全然、問題がありません。……憲法上の問題にはならないのです」(「公明新聞」1999年9月25日付)と明言している通り、公明党と創価学会の関係は、憲法上全く問題となっていないのである。

もちろん、公明党と創価学会の関係は「支配―従属」などというものではなく、政党とその支持団体であり、両者は組織的・制度的に明確に分離されている。党運営や人事、財政、政治・政策判断等はもちろん党が自主的・主体的に決定している。そして、「党綱領」に明記しているように、公明党は「開かれた国民政党」として、特定団体や一部の利益を代表する党ではなく、国民全体に奉仕する党である。特定思想に基づいて、一般国民大衆を「プロレタリア階級」とか、「ブルジョア階級」などと階級的に区別し、二つの階級は「非和解的」であるとし、一方の側を〝打倒〟対象として、差別的に扱うとするような階級政党ではないのである。

それに公明党は衆人注視の中で政治を行っている。まして政権与党の一員となれば、その一挙手一投足まで凝視され、チェックされる。国益・国民益に適っているかどうかが厳しく問われ、何事にも与党としての責任が加重されてくるのだ。某「革命」政党におけるような、〝本心を隠すソフト・スマイル戦術〟〝衣の下によろい〟などと巷間ささやかれる有り様とは全く無縁である。先に挙げた「前衛」記事の〝愚にもつかぬ妄想〟の類いは、政治のリアリズム、民主主義政治のイロハすらもわきまえぬ愚論であろう。

ところで、「前衛」記事は、月刊「公明」に連載の「50年史」の記述を引き合いに出し、見当違いのコジツケを行っている。すなわち、50年史（「公明」２０１２年11月号の連載②）では、池田大作公明党創立者（当時・創価学会会長）が１９６２（昭和37）年の公明政治連盟第1回全国大会で公明議員に示した「大衆とともに」の指針について紹介し、「公明党の原点として、党そのものの在り方はもちろん、公明党議員一人ひとりの在り方・生き方の重要な指針として重く受け止め、深く銘記すべきであろう」と記した。また連載③（同12年12月号）では、党結成の際、まだ衆院に議席を持たぬ小政党の立場で、当時日本最大級の日大講堂を会場としたことに対する党創立者である池田会長の戒めの言葉を紹介し、「その際の池田会長の直言は党にとって後々の教訓とされた」と記している。

ごく当たり前のその記述に対し、「前衛」記事では、「公明党を創価学会から〝分離独立させる〟と宣言してから四〇年以上が経過した二〇一二年一二月号の『公明』誌上で」とし、「つまり、池田氏の結党当時の指示は、『過去のエピソード』などではけっしてなく、現在進行形で生きているということである。わざわざ『後々の教訓とされた』としているのも、現在の公明党が依然として池田氏の強い影響下にあることを内外に示したものであろう」「池田会長の主張が公明党結党時の綱領に刻まれているだけでなく、五〇年後の今日の指針にもなっている」といわくあり気に論じている。つまり「現在進行形で生きている」ことが問題なのだと言いたげである。

政党に限らず、一般にどんな組織や団体、企業や学校などでも、所属の構成員に対し、創立者の指針や思い、志などを尊重し、重要視し、心に銘記することを呼び掛けるのはごく普通のことだ。世間一般の道理でもあろう。公明党の立党精神「大衆とともに」の指針は、50年経とうが60年経とうが堅持されて当然であり、それをもって「支配―従属関係」とか、「創価学会のための党」の証拠のように捉えるのは、見当違いも甚だしい。創立者の指針を守るのがいけないなどというのは、日本共産党ぐらいだろう。「前衛」記事執筆者はそんな当たり前の社会常識すらわきまえていないのだろうか。

当該「前衛」記事で「公明党を創価学会から〝分離独立させる〟と宣言してから四〇年以上」とあるのは、いわゆる言論問題の際、池田会長が講演で、創価学会と公明党との関係について、「あくまでも制度の上で明確に分離していくとの原則を更に貫く」と述べたことを指すようだ。創価学会と公明党の〝分離・独立〟は政治団体としての公明政治連盟の結成（1961年11月）、そして64年11月の公明党結成でなされている。池田会長発言は、その上で、党と学会との「制度的分離の徹底」という趣旨である。党と学会の〝分離・独立〟は宗教団体としての自主的な〝けじめ〟であり、別に憲法上の要請によるものではない。

ところが、日本共産党、「前衛」記事は、池田会長発言を憲法上の要請に基づくものであるかのように描き、しかも、「制度上の分離の徹底」という「制度」面と、党創立者の示した指針の尊重という「信条」面とは別次元の話であるのに、それを故意に混同させ、異なる二つを同一次元に置き、「指針」をずっと尊重しているのは矛盾・違背であると言いたいようである。あまりに粗雑で短絡的に過ぎる言い分だ。日本共産党流の牽強付会《けんきょうふかい》の論法である。もちろん憲法上の政教分離原則とは何の関係もない話である。

●宗教蔑視・敵視の日本共産党

ところで、日本共産党が、「前衛」記事が、ことさらに「創価学会の〜」とあげつらうのには、むろん理由がある。同党は基本的に宗教蔑視、宗教敵視の立場に立っているからである。同党が奉ずる科学的社会主義＝マルクス・レーニン主義は徹底した宗教蔑視・敵視の立場に立っていることはよく知られている。例えば、マルクスは、『ヘーゲル法哲学批判序説』の中で、宗教は悩めるもののため息であり、民衆の阿片であるとし、「宗教を廃棄することは、民衆の現実的幸福を要求することである」と断言している。またレーニンは、「宗教に対する労働者党の態度について」と題する論文の中で、「宗教は民衆の阿片である。——このマルクスの格言は、宗教の問題におけるマルクス主義の世界観全体のかなめ石である」とし、「マルクス主義は唯物論である。唯物論としてそれは、宗教に対して容赦なく敵対する。このことは疑う余地のないことである」と述べている。

日本共産党自身も、「宗教はまちがっており……」（「月刊学習」63年2月号）とし、「唯物論哲学は、宗教に敵対し……」（『共産主義読本』）と規定し、さらに、「マルクス主義は唯物論であり、宗教と敵対するイデオロギーです。……宗教とたたかうことは、およそ唯物論者であるならば、当然のことであり、マルクス主義のイロハです」（「月刊学習」73年7月号）と強調し、「弁証法的唯物論は、いっさいの『たかめられた宗教』『真の宗教』などを認めていません」（同）と明言している。

●宗教は「天上」、政治は「地上」と差別

そんな宗教否定・宗教敵対を反映してか、同党は、政治と宗教の社会的役割を指して、政治は「地上の問題」、宗教は「天上の問題」として、両者を「天上」と「地上」にきわめて安直に分け隔てている。そこには宗教者は暗に「天上の問題」だけ、つまり精神世界にだけ関わっていれ

ばよい、「地上の問題」、つまり政治的、社会的問題には口出しするな、といわんばかりの、あからさまな宗教蔑視の態度が見てとれるのである。

もちろんそれは、現憲法の精神に反するものだ。前出の江橋崇教授は、「(憲法は宗教団体の政治活動について)十二分に保障している、私はそう理解しています。というより、宗教団体の政治活動、社会活動、……現憲法には全部ありです。オーケーです。認めています。これは欧米でも常識で、当たり前です。人間の苦悩を救済しようとまじめに考えている宗教団体が、政治的には黙っていなくてはいけないなどという理由が民主国家で成り立つはずがない。宗教者が政治にモノ申すことは、むしろ使命とすべきであると思います」(「公明新聞」99年9月25日付)と述べているが、日本共産党の立場は、これと正反対的である。

だから、例えば、同党の宗教見解・政策をまとめた「宗教についての日本共産党の見解と態度」(75年12月23日)では、宗教者の社会的、政治的活動には、「反動的」方向と「民主的」方向の二つがあるとし、その「民主的」方向とは、同見解で、「『地上の問題』では良心的な宗教者とも協力する」「良識ある宗教者との相互協調、協力をめざす」「善意の宗教者との相互理解、協調を求める」(傍点引用者)としているように、要するに「地上の問題」で日本共産党と協力、協調できる宗教者、宗教団体であるとの趣旨である。同党がやたらと使う「民主的」なる言葉は通常一般にいう意味内容とは違うのだ。党利党略的・戦略的なものなのである。

●宗教団体の政治的活動に否定的

一方の「反動的」方向とは、自民党支持の宗教団体と、「公明党の創価学会」を名指しで挙げており、「政治的、社会的に危険な反民主主義的現象である」と真っ向から批判している。そして、憲法で認められている宗教団体の選挙支援を含む政治活動に対しても、「宗教団体の特定政党支持」「特定政党とその議員候補の支持の機関決定」は、「信者の政治活動と政党支持の自由を奪う」との理由を挙げて、「正しくない」と否定視し、「有害な結果をもたらす」と非難している。

宗教団体の信者一人ひとりの「政党支持の自由」は当然であるが、それを前提とした上で、特定政党を支持したところで、それは通常、労働団体や経済団体、業界団体、医師会などの諸団体においてもごく当たり前のこととして行われており、選挙の際の支持・支援の「機関決定」もこれまた同様である。

日本共産党においても、同党系の諸団体、例えば全国労働組合総連合（全労連）、全国商工団体連合会（民商・全商連）、全日本民主医療機関連合会（民医連）等々において日本共産党という「特定政党支持」を行っているが、それを宗教団体だけを名指しして「正しくない」「有害」「反民主主義的」と非難・否定視し、政治活動の自由を制限しようとするのは、明らかに「信教の自由」に制約を加えようとする差別的態度である。憲法の政教分離原則に抵触するものであり、憲法の大原則である「法の下の平等」原則にも反する、それこそ反民主主義的・反憲法の態度であると言わなければならない。

こうした同党の宗教蔑視観や宗教否定・敵対方針が、現憲法で認められている宗教団体の政治的活動について、これを否定視する態度となって現われており、とりわけ公明党と創価学会に対し、「主敵」視するような、陰湿で、悪意に満つ、誹謗中傷・批判攻撃を常習的に仕掛ける、札付きの存在となっているのだろう。

公明ブックレット㉟

日本共産党流「統一戦線」に潜む罠

発行　公明党機関紙委員会

東京都新宿区南元町18番地
2023年9月13日発行
定価440円（税込み）

9784907304072

1920031004008

ISBN978-4-907304-07-2
C0031 ¥400E

定価440円（本体400円＋税10％）

日本共産党流「統一戦線」に潜む罠

発行 公明党機関紙委員会
2023年9月13日発行